高校辅导员继续教育与能力提高研究

潘宏丽　翟佳萍　张基伟◎著

线装书局

图书在版编目（CIP）数据

高校辅导员继续教育与能力提高研究 / 潘宏丽，翟佳萍，张基伟著. -- 北京：线装书局，2023.7
ISBN 978-7-5120-5470-7

Ⅰ.①高… Ⅱ.①潘… ②翟… ③张… Ⅲ.①高等学校－辅导员－师资培养－研究 Ⅳ.①G645.1

中国国家版本馆CIP数据核字(2023)第086363号

高校辅导员继续教育与能力提高研究
GAOXIAO FUDAOYUAN JIXU JIAOYU YU NENGLI TIGAO YANJIU

作　　者：	潘宏丽　翟佳萍　张基伟
责任编辑：	白　晨
出版发行：	线装書局
地　　址：	北京市丰台区方庄日月天地大厦B座17层（100078）
电　　话：	010-58077126（发行部）010-58076938（总编室）
网　　址：	www.zgxzsj.com
经　　销：	新华书店
印　　制：	三河市腾飞印务有限公司
开　　本：	787mm×1092mm　　1/16
印　　张：	10
字　　数：	237千字
印　　次：	2024年7月第1版第1次印刷

定　　价：68.00元

前　言

高校辅导员的工作内容繁多，是高校教师队伍和管理队伍中不可或缺的一部分，肩负着学生干部选拔和培养工作、校园文化建设工作、学生社会实践工作、学生安全工作、就业工作等等，还要通过与学生联系沟通，及时疏导学生的不良心理，解决学生遇到的各种问题和困惑，引导学生积极健康地成长，另外，还要给学生提供各种学习、生活、就业等方面的服务、指导。

当前，我国高校辅导员队伍继续教育已奠定了坚实的思想基础，具备了稳定的政策保障，积累了丰富的实践经验。因此，进一步加强高校辅导员继续教育不仅必要，而且可行。实践中，我们应积极完善高校辅导员继续教育的培训模式，精心设计高校辅导员继续教育的课程体系，着力健全高校辅导员继续教育的保障机制。

本书共分为八章。第一章为高校辅导员自我发展概述，简述了高校辅导员自我发展的概念、本质与特点；第二章介绍了高校辅导员工作背景；第三章针对高校辅导员职业发展的动力特征进行分析；第四章为高校辅导员专业发展标准，论述了高校辅导员标准的实施；第五章为高校辅导员的考核机制，分析了高校辅导员工作绩效评价的方法与技术，简述了绩效评价结果的反馈与应用，最后总结了高校辅导员工作绩效评价长效机制建设；第六章针对高校辅导员面临的主要问题进行分析；第七章为高校辅导员教育培养，针对高校辅导员的继续教育培训进行介绍；第八章介绍了高校辅导员专业化发展的职业生涯管理，总结了高校辅导员的职业生涯发展与规划。

本书在写作过程中，虽然在理论性和综合性方面下了很大的工夫。但由于作者知识水平的不足，以及文字表达能力的限制，因此在写作过程中大量引用了业界内专家学者们的著作、论文等研究资料，对诸位专家表示诚挚的谢意。本书内容在专业性与可操作性上还存在着较多不足，对此，希望各位专家学者和广大的读者能够予以谅解，并提出宝贵意见。

编委会

林 媛　李 威　吴祖秧
于 磊　刘 妍

目 录

第一章 高校辅导员自我发展概述 ……………………………………（1）
 第一节 高校辅导员自我发展的概念 ……………………………（1）
 第二节 高校辅导员自我发展的本质 ……………………………（6）
 第三节 高校辅导员自我发展的特点 ……………………………（7）

第二章 高校辅导员工作背景 …………………………………………（10）
 第一节 高校辅导员的角色定位 …………………………………（10）
 第二节 高校辅导员的职业素质 …………………………………（13）
 第三节 高校辅导员工作的关键 …………………………………（24）

第三章 高校辅导员职业发展的动力特征 ……………………………（47）
 第一节 高校辅导员职业发展动力机制 …………………………（47）
 第二节 高校辅导员职业发展动力特征 …………………………（51）
 第三节 高校辅导员职业发展动力反思 …………………………（55）

第四章 高校辅导员专业发展标准 ……………………………………（58）
 第一节 高校辅导员专业发展标准 ………………………………（58）
 第二节 高校辅导员专业发展标准的实施 ………………………（62）

第五章 高校辅导员考核机制 …………………………………………（76）
 第一节 绩效评价基本理论述要 …………………………………（76）
 第二节 绩效评价的方法与技术 …………………………………（87）
 第三节 绩效评价结果的反馈与应用 ……………………………（94）
 第四节 工作绩效评价长效机制建设 ……………………………（104）

第六章 高校辅导员面临的主要问题 …………………………………（112）
 第一节 学科建设 …………………………………………………（112）
 第二节 行业组织建设 ……………………………………………（114）
 第三节 高校系统 …………………………………………………（115）
 第四节 工作管理体制 ……………………………………………（120）
 第五节 工作运行机制 ……………………………………………（123）

第七章 高校辅导员教育培养 …………………………………………（134）

第一节　培养阶段的定位与教学 ……………………………………（134）
　　第二节　在职阶段的培训与提升 ……………………………………（137）
第八章　高校辅导员专业化发展的职业生涯管理 …………………（141）
　　第一节　高校辅导员的职业生涯发展 ………………………………（141）
　　第二节　高校辅导员的职业生涯规划 ………………………………（153）
后　记 ……………………………………………………………………（160）
参考文献 …………………………………………………………………（161）

第一章 高校辅导员自我发展概述

第一节 高校辅导员自我发展的概念

高校辅导员是高校学生思想政治教育工作的主力军,承担着大学生日常教育和管理、就业指导和服务、心理咨询和生活辅导等一系列与学生成长息息相关的工作,是大学校园文化建设的重要力量,是大学生健康成长的指导者和引路人。目前我国高等教育正处在重要的转型期,大众化作为一种全新的教育从内涵到形式都与传统的精英教育有着许多本质的区别。高等教育需要转变教育观念、优化工作队伍以适应高等教育大众化和经济社会发展的新要求。当下,无论从国家还是高校辅导员个体而言,高校辅导员已经成为一种专门的职业。正是在这样的历史背景下,高校辅导员的专业化发展是国家、高校和高校辅导员三者对时代的变革诉求做出的共同回应,是我国高等教育发展的必然趋势。

一、高校辅导员

(一) 高校辅导员的含义

高校辅导员是高校思想政治工作群体中的重要一员,更是因为与大学生接触最紧密、最频繁而成为高校和大学生联系最直接的桥梁。在中国当代大学里,从学生入学到大学学习、生活、毕业工作,处处都有高校辅导员工作的身影。什么是高校辅导员?这是我们探讨职业化背景下高校辅导员专业化发展问题时首先必须回答的问题。

"高校"即"高等学校",是以实施高等教育为主要职能的机构。在中国,分普通高等学校和成人高等学校两类。前者包括大学、独立设置的学院、高等专科学校和高等职业学校。后者包括广播电视大学、职工高等学校、农民高等学校、管理干部学院、教育学院、独立函授学院和普通高等学校举办的函授部（学院、班）、夜大学校等。

高校辅导员制度是目前大学普遍采取的一种学生管理制度。因此，高校辅导员一般专指高校辅导员。高校辅导员这一概念并非中国特有。欧美等国的大学普遍存在着"counselor"这一角色，相应地翻译为"咨询者"或"指导者"，是指具体负责学生事务的人员，他们专业牢固、经验丰富，可以为大学生提供专业的指导性或者咨询性（counseling）服务，不是对大学生个体负责，而是专心地为学生的整体发展提供各种类型的辅导性或咨询性服务。

在我国，高校辅导员的全称是"学生政治高校辅导员"，高校辅导员这一角色诞生于特定的历史时期，高校辅导员一词走过了"政治指导员""政治高校辅导员"和"高校辅导员"的演进历程。

导员是高等学校教师队伍和管理队伍的重要组成部分，具有教师和干部的双重身份。高校辅导员是开展大学生思想政治教育的骨干力量，是高校学生日常思想政治教育和管理工作的组织者、实施者和指导者。高校辅导员应当努力成为学生的人生导师和健康成长的知心朋友。

（二）高校辅导员的重要性

高等教育是以培养高级人才为目标的高层次教育，高校则是培养人才的场所。我国的教育方针是：教育必须为社会主义现代化建设服务，必须与生产劳动相结合，培养德智体美劳全面发展的社会主义事业建设者和接班人。高校中的思想政治工作，就是为了实现这一目标，去做学生的思想教育、转化和引导工作，而承担这一任务最直接的人员就是高校辅导员。高校辅导员所承担的工作任务，决定了他们在高等教育中有着特殊的重要性。

1. 高校辅导员是大学生思想政治教育的骨干力量

随着高等教育的大众化，大学入学人数急剧增加，办学层次及办学形式发生了显著变化。由于学校管理还存在许多薄弱环节，安全问题、生活问题、心理问题等引发的事端时有发生，社会上的各种矛盾也在高校里有所反映。因此，今天的高等学府绝非世外桃源，高校的发展必须兼顾社会的需求，培养出勤奋务实，适应社会发展的人才是高校的头等大事。在观念多元化的大学校园里，树立一个正确的主导思想至关重要，尤其是对大学生的世界观、人生观、价值观的形成都有深远的影响。而工作在第一线的高校辅导员最贴近学生的学习、生活、情感等各个方面，能及时掌握第一手信息，引导大学生正确对待学习、生活、情感和就业等方面的问题，及时避免和化解矛盾，维护高校和谐、安全与稳定。

2. 高校辅导员是沟通高校管理者与学生的桥梁

面对高校日益错综复杂的环境，在具体工作中，为了更加有效地加强高校管理者与学生之间的沟通与交流，高校辅导员还是学校党政领导联系学生的主要纽带，对学校规章制度、相关政策起到上传下达的作用。学校的许多工作都需要广大学生的积极响应和热情参与，在工作中所面临的一些暂时困难也需要得到广大学生的理解和支持，高校辅导员是把党和国家的方针政策、学校的办学思想变成广大学生全面理解与自觉行动的重要保证。大学生的日常管理也离不开高校辅导员的辛勤工作，现在的高校如果离开了高校辅导员对大学生进行比较规范的日常管理，高校内就会呈现出一片混乱不堪的景象。不论是一个学期的开始、中间，还是结束，摆在高校辅导员面前的工作量都是相当大的，主要涉及大学生的注册、奖学金的评定、社会实践活动的组织、贫困生的资助、宿舍卫生的检查、校园文化活动的组织开展、学生党团工作、心理辅导、就业指导等。这其中的哪一项具体工作，如果少了高校辅导员都难以得到真正的落实。在这种情况下，高校辅导员对学生如何作出有效的沟通与交流，如何使政策在传达过程中得到有效地实施就与高校辅导员自身素质高低有着重要关系。

3. 高校辅导员是高等学校教师队伍的重要组成部分

高校辅导员是高等学校教师队伍和管理队伍的重要组成部分，具有教师和干部的双重身份。高校辅导员是高校学生最直接的管理者和教育者，是一支长期战斗在高校思想政治工作第一线的主力军，他们既要用自己的一言一行去教育、影响学生，又要对学生的言行及一切有关学生方面的工作效果负直接或间接的责任。

二、自我发展

（一）自我的概念

自我是人类个体与动物相区别的本质特征，是人类个体行为的动力之源。在心理学，自我的研究分为两个方向：首先，自我结构的研究，通过自我结构中的元素的分析，了解自我的最根本的性质，表明自我操作的研究方向；其次，自主开发研究，探索人类个体自我相关进程的发展和影响因素。

（二）自我发展的意义

自我的本质在于做自己的主人，是每一个有形个体的无形主宰，突出了人作为"类"的个体存在的主体性。自我是一个过程，自我的显著功能在于对人自身的调节。人是悖论性的存在。自我的本质在于其是自己的主人，突出人的主体性。自我是一个过程，自我的显著功能是对自身的调控。人是一种悖论性的存在。悖论是事物（精神）的自我矛盾，自我矛盾就是自我否定。它表明事物（精神）总是处在自我分化（异化）和自我整合（扬弃）的过程中，并且构成一个螺旋式上升的"圆圈"。这就是事物（精神）的自我发展。

自我发展是连续的分化和整合的过程。这意味着成长、改变和生活，意味着个体的主动发展。自我发展对个体人格发展具有非常重要的作用。人格发展是在一定意义上的自我发展。自我是一个心理过程，表现为自主性和适应性。自主发展是一个人的生理性和社会性发展。在权力制衡和适应的过程中，自我在与环境之间的相互作用中不断发展。自主发展涵盖了生存和生命的发展。自我发展赋予生命的价值和意义。自我发展基于人类的生存体验和生命体验，充分发挥人的主体性。它是一种创造性的思考和实践，这是一种使人们的潜能充分展现和生命的意义不断澄清的做法。

（三）自我发展相关理论

1. 沙利文的自我发展理论

沙利文等人创立的一种自我发展阶段说，又称"人际整合层次"或"一般心理发展"，实际上是一种人格发展理论。沙利文等人在圣地亚哥的伊里安查营地青年海军司令部研究学习。在此期间的工作每当涉及人格发展，他们都会探讨人格的核心结构。这个核心结构包括需求、期望、感知和体验于一体的综合认知模式。在这种理论中，人格的核心是发展到一定水平的相对稳定的时间间隔。随着别人的了解，促进自己理解这种个性，表达自我的核心的发展，从而建立一个独特的能满足他，同时也使他能够控制的目标、价值观和愿望内部集成系统。

他们对各个连续发展的层次上整理出以下核心问题：第一层次，核心问题是整合过程中的分离；第二层次，核心问题是非我区别地整合；第三层次，核心问题是规律地整合；第四层次，核心问题是反应的个体化；第五层次，核心问题是持续性整合；第六层次，核心问题是自我一致的整合；第七层次，核心问题是相对性、运动和变化的整合作用。

2. 卢文格的自我发展理论

卢文格是美国华盛顿大学的心理学教授，当代著名西方发展心理学家，长期以来一直在研究自主开发，是发展型的代表人物之一。卢文格的自我发展理论可以分为四个方面：自主开发的特点、战略和测量问题、各阶段和不同类型的划分，以及自我发展的阶段。根据卢文格的理论，自我发展的基本特征：自我发展是一个过程、一个结构。其原因是，社会功能作为一个整体，受目的和意义的影响。

3. 艾萨克斯的自我发展理论

艾萨克斯的自我发展阶段理论，也被称为"人际发展说"，实际上是一种人格发展理论。艾萨克斯自我发展理论的核心词是"关系"。它涉及人际交往能力的发展。弗洛伊德认为，心理性欲和认知发展是自我发展的重要体现，主要是加强其与他人的差异，增加对别人的描述和赞赏。这种差异主要是描述和赞赏，首先是情绪，其次是理性，最后是情感。而另一些人的情感认知是关系的发展。艾萨克斯要确定大学生的发展和心理治疗的患者作为测试对象之间的关系，利用主观感官测试（TAT）作为测试手段。他把这种关系的发展分为几个层次，各有不同的表达形式。尽管这些形式是不稳定的，但它们在给定时间显示出相对稳定的状态，发展的连续性比其他生长的序列要长，将一直持续到中年以后。

4. 帕克的自我发展理论

由帕克创立的一种自我发展的类型说。帕克认为，自我发展的核心问题是动机的道德品质的概念，分别描述了五种不同类型的个性，每一个类型代表心理发展的不同阶段。他想利用这五种类型涵盖所有可能的适应模式。在帕克看来，因为每个人的行为都是可变的，所以这五个动机模式也就构成了个人人格的组成部分。人们可根据主要成分进行分类。

5. 塞尔门的自我发展理论

自我发展的一种学说由赛尔门创立。塞尔门主持哈佛乔治贝克社会推理研究，探讨了人际推理的发展，特别是要选择别人的观点的能力。塞尔门认为，人际观以能力为重点，以自我发展界定人际关系发展观的四个基本组成部分：主体、自我意识、个性和人际关系自本质（隐含的思想和感情的理解）。在塞尔门的理论中，个人的观念和人际关系的概念，可以在复杂的过程中进行合并。人格结构的组成部分是相互关联，以及他与其他人的关系决定了个体的主观感受。

三、高校辅导员的自我发展

人的自我发展涵盖了人的一生的发展，是从幼稚走向成熟，不断完善的过程。因此，高校辅导员的自我发展有两层含义：一是指在人类自身发展的一般意义上，作为一个自然人在自然和社会的力量中平衡和适应自我的过程。二是自身发展的职业限制感。作为大学生的人生导师和知心朋友，日常思想政治教育的管理者、实施者，自我发展在其专业素养的提高。

有人认为，高校辅导员自我发展是由于学生的工作经验和反思对学生的工作积累，以获得专业性改善和发展。也有人认为，高校辅导员自我发展是提升专业水准和专业表现，实践和学习过程的选择，实现专业成长，提高学习效率。这些定义主要是从目标或过程解读高校辅导员自我发展，没有突出的高校辅导员自我发展应该是自主性的自我。

自我发展是指高校辅导员本着具有对工作的责任感和职业的使命感进行自我目标定位、自我资源调配、自我激励和自我约束的一种内生机制。高校辅导员通过自我评价，积极主动地学习和锻炼，并在他们的工作中发挥自己的聪明才智和创造力，进而使自己有了全面的发展。其前提是自我发展唤起了高校辅导员的自我意识和主体意识，使其自身能够有自己的思想和行为、有清晰的认识，并根据国家要求，学校和社会的期望，自我评价和自我，调整或修改，以便找到双方自身的全面发展，也有利于政治发展道路的行为。

因此，高校辅导员的自我发展被理解为在自己的职业专业发展，就是在严格的专业培训和自我主动学习的基础上，逐渐成长为一个专业的发展。因此，高校辅导员的自我发展是积极利用自己的主观条件、客观条件，帮助其在教育主体意识、价值追求和个人的业务能力等方面进行自身的完善和增强。

第二节 高校辅导员自我发展的本质

一、自我发展是一种过程

发展是一个哲学术语，是指事物从无到有，从小到大，从简单到复杂，从低到高，从旧物质向新物质运动变化的过程。究其原因，事物的发展是事物之间的关系的普遍性，事物发展的根本是事物的内部矛盾，也就是内因。唯物辩证法认为，物质是运动的物质，运动是物质的根本属性，而向前的、上升的、进步的运动就是发展。发展的根源是事物的内部矛盾。自我发展是高校辅导员发现自我存在价值、实现完整自我、提升生活和行为质量的学习与成长过程。高校辅导员的自我发展是一种寻求思考自身与超越自身的存在方式，这种方式使人们能够在言行中感受到何为高校辅导员。

二、自我发展是一种"自我"

"自我"在这里主要指的是自我意识，人的自我意识是自我发展的基础。人的素质是一个自我再生、自我更新和自我完善的能力。没有自我意识的人，就不可能有持续发展。真正优秀的人的自我教育意识，能够体现、可以调整，有精神、能适应，具有较强的自我更新能力和知识转化为智慧的能力。独立的自我意识对高校辅导员自身的专业发展具有很大的影响力，而成长和发展的第一步就在于自身的反思、自身对自身的评价和自身的自我改造。任何形式的反思都是基于自我意识的成熟。因此，自我发展本质上是自我的。自我意识的觉醒，是体现主体的主观能动性的活动。与一般的发展不同，自我发展的效果与自我有很大的关系。

第三节 高校辅导员自我发展的特点

一、主体性

高校辅导员的自我发展，在某种程度上可以理解为自我教育，通过自我教育的方式，实现自我发展的目的。因此，高校辅导员的自我发展具有自我教育的特性，最大的特性就是主体性，即人的主体性能得到最大限度地发挥。

"主体性是指人极其自由、自觉地能动活动所表现出来的基本特质，是人通过实践活动改造客体并使其发生变化以满足人的需要的质的规定性。"作为实践活动的主体，主体的主动性、自主性、创造性和超越性等方面都体现出来了。在一般教育活动和人们的固有观念中，受教育者是被动接受教育内容的，被教育的客体地位也跃然纸上，因而从众意识呼之欲出，而受教育者的主体性黯然失色。

与此相反的是自我教育，是受教育者在个体或他我教育下独立地进行，不影响自我在教育和受教育选择之间的切换。根据自己的实际的思想政治道德素质和内部经验，然后提出自己的发展目标，根据教育内容选择适当的具体要求，有意识地规划，建立一个合理的情境，自己主动接受教育。它们可以让理想与现实不再相隔千里，主体、客体之间不再兵戎相见，收获的不仅仅是自我内在积极性的发挥，更能使自身得到良好发展。

因此，无论自我批评、自我检讨、自我反省，还是知识和技能方面的提升，都不能完成自我的全面发展。要在其基础上，充分调动个人的积极性，充分发挥主体地位，使受教育者达到预期的效果，达到自我教育的真正意义上的全面发展。与此同时，高校辅导员也应该充分认识到自身在自我发展过程中的重要地位。"是金子总会发光"，自己是有待挖掘的"黄金块"。应充分将自己的潜能挖掘出来，发挥主体作用，将个人的优秀品质发扬光大，成长为优秀的人。

二、终身性

人的一生始终伴随着自我发展，高校辅导员的发展也一样。自我发展的终身性指的是自我发展的长远性和永久性。高校辅导员的自我发展的需要来自两个方面：一方面，社会因不断进步和发展对人的知识、能力等各方面的素质都有了更高的要求，个体要通过学习、自我教育，不断地完善、充实自己，以保持与时代发展的节奏一致，适应社会的各种变化；另一方面，自身的发展需要是不能停止的。任何人拥有的知识和能力都是有限的，世界上不存在绝对完美的人；而个体的自我意识又会本能地驱使自我去追求完美，协调现实的我和理想的我之间的差距。由于现实的我与理想的我总是充满矛盾，所以个体通过终身的学习来达到理想中完美的人的境界，身心始终处于开放的状态去探索未知的知识和领域。"自觉地认识自我、否定自我、重新塑造自我的循环反复螺旋上升的过程，就是人类个体的成才过程，也是一种自我教育的过程。"

高校辅导员是一种特殊的职业，他所服务和教育的对象是人，是大学生群体。大学生群体是走在时代前沿的，对于时代的变化和感知最为敏感。因此，随着时代的不断变化，教育对象的不断变化，对于高校辅导员自身的能力、知识等各个方面的素质不断提出新的要求，高校辅导员必须通过不断地学习来紧随时代的脚步，摸清学生的思想轨迹，才能更好地开展大学生的思想政治教育工作，保证教育的效果和时效性。

三、自主性

在自我发展过程中，起决定性作用的是人的自我发展意识。自我发展意识通常表现为自我观察、自我评价、自我调控等多种形式，内在心理机制作用的发挥可表达自我教育的自主性。自觉地对自身的思想、言语、行为的认识和评判就是自我评价。为了找到自己和他人，以及存在的问题和社会需求，只有正确的认识评价自我发展情况，自我发展的愿望才能被激发出来。设计自我教育的目标，教育对象主动调整和控制自己的想法、言语、行为，也是一种自我调节。在高校辅导员自我发展的过程中，外部制约因素将大大降低，这就要求高校辅导员自律，规范自己的思想、行为，并强化自己的意志力。

同时，高校辅导员和多数人一样很容易受到外部教育因素的影响，但此时一定要进行自我教育，也就是经过个体自身内因的矛盾运动变化。预期目标要现实化、客观化，才有可能实现。即使没有实现目标，也要从自身出发找出各种影响结果的主观原因，从根本上解决存在的矛盾、差距，并最终解决问题。作为一种实际操作性很强的职业，高校辅导员要通过发展自己、评价自己、管理自己而不断调整发展方向，并最终通过日常的工作检验发展效果，自觉地应用，不断地积累与丰富自己的专业知识技能，以达到自我发展的目的。

四、发展性

自我发展是一个发展的过程，自我发展的显著特征在于对人自身的调整，不断地变化。人是悖论性的存在。"悖论是事物（精神）的自我矛盾，自我矛盾就是自我否定，它表明事物（精神）总是处在自我分化（异化）和自我整合（扬弃）的过程中，并且构成一个螺旋式上升的'圆圈'。这就是事物（精神）的自我发展。"

人的自我发展是连续的分化和整合的过程。这不仅意味着成长、变化和生命，还意味着个人的发展。自我发展对个体人格发展的一个非常重要的作用。人格发展是在一定意义上的自我发展。自我是一个心理过程，表现为自主性和适应性。自我发展既是一个人的生理过程，也是一个权力制衡和适应的过程，是通过自我与环境之间的相互作用而不断发展。自我发展涵盖了生存和生命的发展。高校辅导员的自我发展指的是生命意义的发展，通过自主发展给高校辅导员的职业生命、价值和意义。高校辅导员自我发展的基础是人的生活经验和生存体验，是对生命的创造性的思考和实践，使人的潜能得到充分的发挥。①

---

　　① 许辉，于兴业.自我视域下高校辅导员的发展研究［M］.北京：知识产权出版社，2018.

第二章 高校辅导员工作背景

第一节 高校辅导员的角色定位

任何一种职业都有其特殊的、区别于其他职业的角色定位。随着社会、教育的发展，高校辅导员的角色内涵也在不断地丰富和发展。高校辅导员只有在实践过程中积极、努力地探索、发展和完善自己，才能适应改革需要，才能承担起高校辅导员这个光荣而神圣的职责。找准高校辅导员的角色定位，有利于高校辅导员发挥其职能，有利于提高高校辅导员工作的实效性。

一、角色与角色定位的概念

角色，指剧中的人物。20世纪20年代，美国芝加哥社会学派的代表人物乔治·赫伯特·米德把角色的概念引入社会学研究领域，专指个人在团体中所扮演之职务或必要之行为。意指社会也是个大舞台，每个人在这个大舞台上同样扮演着实际生活中的各种角色，由此便形成了社会角色这个概念。社会学家凯利认为，角色是他人对相互作用中处于一定地位的个体的行为的期望系统，也是占有一定地位的个体对自身行为的期望系统。也有学者指出，"角色是指与人们的某种社会地位、身份相一致的一整套权利、义务的规范与行为模式，它是人们对具有特定身份的人的行为期望，它构成社会群体或组织的基础"。归纳学者们的观点，可以对角色做出这样的界定：角色是由一定社会地位决定的、符合一定社会期望的行为模式。它是构成社会群体或社会组织的细胞，是人的权利、社会属性和社会关系的反映。

根据对角色概念的界定，工作在一定组织中的人，都有自己特定的地位，并扮演相应的角色。一个组织就是由一系列的角色所组成的社会结构网络。在这个社会结构网络中，每一个角色都是相对于或伴随于其他角色而存在的。任何一个角色都是由特定的社会需要决定的，并随着社会的发展而变化发展。角色的行为真实地反映出个体在群体生活和社会关系中所处的位置。因此，所谓角色定位，是指与人的某种社会地位、身份相一致的一整套权利、义务和行为模式。角色定位包括三个要素：角色的社会地位、社会对角色的要求或期望、角色扮演的行为模式。

二、高校辅导员的角色扮演

角色扮演，指个体根据自己对各种社会角色的理解，按照这些角色要求来调节自己行为的过程。角色扮演是个体社会化的基础，也是个体相互作用的过程。每一个个体都处于社会关系网络之中，占据着多个社会为之规定的位置，扮演着多重社会角色。高校辅导员也扮演着多重社会角色。

（一）思想政治的引导者

这是高校辅导员的传统角色，从这个职业角色诞生开始，就一直担负着这样的政治使命。所谓思想政治的引导者，就是说高校辅导员要用科学思想理论来武装和教育学生。

作为思想政治的引导者，高校辅导员的主要工作有：帮助大学生树立正确的世界观、人生观、价值观；了解和掌握高校学生思想政治动态，针对学生关心的热点、焦点问题，及时进行教育和引导；以班级为基础，以学生为主体，发挥学生班集体在大学生思想政治教育中的组织力量；组织、协调班主任、思想政治理论课教师和组织员等工作骨干共同做好经常性的思想政治工作，在学生中间开展形式多样的教育活动等。

（二）学习生活的指导者

高校辅导员的传统角色已不能完全适应时代要求，必须拓展新的角色来与之相适应，其中一个需要拓展的角色是高校辅导员应该成为学生学习生活的指导者，做学生的人生导师。所谓学习生活的辅导者，是指高校辅导员要引导学生树立正确的学习生活理想，帮助学生规划职业生涯，提供就业指导，使学生学会处理各种人际关系，指导学生学会学习、学会生活、学会做人。随着社会的不断发展和高校改革的不断深入，高校在办学观念、群体构成、个体的学习方式，以及生活目标的追求等方面都发生了很大变化。

作为学习生活的指导者，高校辅导员的主要工作有：帮助学生明确学习目的，发掘内在的学习动力，掌握科学的学习方法，建立合理的知识、智能结构，培养优良的学风，帮助学生优化课程配置，做好职业生涯规划，使他们能够更好地实现目标；积极开展就业指导和服务工作，为学生提供高效优质的就业指导和信息服务，帮助学生树立正确的择业观；引导学生树立正确的生活理想，学会处理各种人际关系，使学生能够健康成长等。

（三）心理健康的培育者

大学生是一个承载社会、家庭高期望的群体，心理发展不够成熟、情绪不具稳定性。面对日益激烈的生存和发展的竞争，大学生感受到了越来越多的生活压力和认知的困惑，各种心理问题明显增加。学生越来越需要心理健康方面的指导，与学生朝夕相处的高校辅导员，应该担当起这一角色。所谓心理健康的培育者，是指高校辅导员通过与学生思想、感情上的交流和沟通，疏导学生的不良情绪，帮助学生优化心理素质，使学生具有良好的适应能力和顽强的意志，能够保持和谐的人际关系，能够正确认识自我，拥有完整和谐的健康人格。

作为心理健康的培育者，高校辅导员的主要工作有：帮助学生正确认识社会环境，积极调整心态，转变观念，提高辨别是非的能力；帮助学生正视由家庭方面带来的情感和经济方面的压力，积极帮助经济困难学生完成学业；帮助学生处理好学习成才、择业交友、健康生活等方面遇到的问题，引导学生正确认识自我，培养学生自尊、自爱、自律、自强的优良品格等。

总之，高校辅导员担负着思想政治引导、学习生活指导和心理健康培育三个方面的重要角色。其中，思想政治引导是高校辅导员工作的主线，学习生活指导是重要内容，心理健康培育是其工作的有机组成部分。作为高校辅导员只进行思想政治引导，缺少对学生学习生活和心理健康的指导，必然脱离学生实际，只能陷于空洞的说教；只进行学习生活指导，不能用深厚的思想政治教育理论和必要的心理知识武装学生，不可能使学生树立正确的世界观、人生观和价值观，只能是"保姆"；只进行思想政治引导和学习生活指导，不解决学生心理健康方面的问题，同样不能培养出全面发展的"四有"新人，三方面都是高校辅导员工作的基本组成部分，任何偏颇、忽视或欠缺都是有害的。

综上所述，高校辅导员的角色定位应着眼于有利于高校辅导员队伍的长远发展，有利于人才培养的终极目标，努力实现高校辅导员的工作由行政管理型向教育型、服务型转化，由经验型向科学型转化，由非专业化向专业化转化，努力把高校辅导员队伍建设成为一支具有专业依托的职业队伍，实现教育理念向"以人为本"转化。

第二节 高校辅导员的职业素质

高校辅导员作为从事特殊职业的人，其职业素质是在先天生理的基础上，在环境和教育的影响下，通过自我修养和社会实践形成和发展起来的相对稳定的基本品质。当下，面对高等教育改革的不断深化和大学生发展的新要求，关注高校辅导员的职业素质，是适应新形势和新任务的需要，也是进一步加强和改进大学生思想政治工作的需要，更是增强大学生思想政治教育的实效性和针对性的现实客观要求。在明确高校辅导员工作职责的基础上，依据高校辅导员职业化标准的要求，可以推导出高校辅导员的职业素质包含高校辅导员胜任本职工作需要具备的职业知识、职业技能和职业素养。这三方面是高校辅导员确立职业地位，提升职业水平，实现职业化的基本前提。

一、高校辅导员的职业知识

职业知识是高校辅导员职业化的重要基础。高校辅导员的职业特性具有明确的技术性，这就决定了高校辅导员职业岗位在职业知识上的标准和要求。围绕大学生思想政治教育的主要任务和高校辅导员工作的职能要求，高校辅导员应当以思想政治教育学科为依托，建立系统的知识结构，不断提高职业知识和理论水平，实现工作的科学化和职业化，形成履行岗位职能的基础和前提，为职业能力和水平的不断完善提供保证。

（一）思想政治教育学知识

高校辅导员是高校坚持社会主义办学方向和保证高校培养的人才成为社会主义建设者和接班人最直接的教育者和实施者。而大学生思想政治教育是一项特殊的社会实践活动，要完成对大学生进行理想信念教育、爱国主义教育、公民道德教育和诚实守信教育的任务，高校辅导员必须具备思想政治教育的理论知识，并掌握思想政治教育的特殊规律。高校辅导员必备的思想政治教育理论知识主要包括高校思想政治工作原理、高校思想政治工作方法论、比较思想政治教育学和党的思想政治工作史等。同时，还要求高校辅导员必须具有一定的理论功底和较高的政策水平。这样才能在平时的工作中将政治理论付诸实践。因此，深厚的思想政治教育专业理论知识是高校辅导员工作必不可少的理论武器。

（二）教育学、心理学知识

大学生正处于从不成熟走向成熟的过渡期，存在着这一时期特有的心理发展上的不平衡。而高校辅导员是大学生成长阶段最直接的引导者，大学生在成长过程中所遇到的思想、心理、人际交往、专业学习、发展方向、职业选择等诸多问题需要高校辅导员的正确引导。高校辅导员需要学习和掌握教育学、心理学的相关知识和理论。教育学知识包括现代高等教育思想与教学理念、高等教育的目的与价值、教育科学研究方法的知识、教育法律法规。心理学知识主要包括成长心理、学习心理、人际心理、恋爱心理、职业心理等方面的知识，高校辅导员要接受心理咨询和辅导的培训，掌握心理疾病的常见表现、成因及处理方法的一般知识，为大学生提供有效的心理健康咨询和服务，帮助大学生培养自信心和意志力，帮助大学生正确认识自我，排除心理困扰预防心理疾病，维护心理健康以形成健全完整的人格。总之，教育学、心理学知识可以帮助高校辅导员客观地认识和把握大学生的身心发展规律和特点，能够运用科学的教育手段和方法，有针对性地做好大学生教育工作，提高大学生教育的实效性。因此，教育学、心理学知识是高校辅导员做好学生工作的重要理论基础。

（三）学生事务管理知识

我国高校大多从狭义上界定学生事务管理工作，包括学生经济资助、纪律制度、奖惩评估、学生申诉等行政事务，以及思想教育、学风建设、住宿社区生活和校园文化活动等工作中的管理事务。学生事务管理是高校辅导员的重要工作领域，高校辅导员应具备学生事务管理的相关知识。学生事务知识是高校辅导员在处理具体学生事务时应具备的常识性知识和工作要求。主要有高校学生事务管理与服务知识、社团与学生会活动指导知识、学生党（团）建与班级管理知识、大学社会实践指导知识，以及教育政策法规。其中，教育政策法规是高校辅导员在处理具体学生事务时应遵循的法律依据，主要包括教育法、高等教育法、学生伤害事故处理办法和高等学校学生管理规定等内容。这些知识有助于高校辅导员了解学生管理的特点、明确学生管理的方向、掌握学生管理的方法，也有助于高校辅导员了解学生管理在高校管理中的地位和作用、明确学生管理的职责和目标、掌握学生管理的艺术。因此，学生事务管理知识是高校辅导员提高学生管理效率的理论支撑。

（四）职业生涯规划指导知识

大学生职业生涯规划指导是高校辅导员工作的重要构成部分。高校辅导员需要具备职业生涯规划指导知识，熟悉国家社会发展形势，掌握职业测评、就业心理指导、创业教育等相关的方法，努力胜任指导大学生职业生涯规划的工作要求。职业生涯规划指导知识包括类型学理论、发展性理论、职业指导基础理论、职业指导政策与法规、生涯规划基本理论、劳动法、社会保障法、合同法等知识，这些理论是对大学生进行职业生涯规划指导所必须学习和掌握的学科知识。高校辅导员要通过将职业生涯教育贯穿于学习育人的全过程，从学生进大学开始，就帮助他们正确了解自己的兴趣和能力，正确认识社会对于人才的需求，逐步确定自己的职业定位和发展方向，帮助学生树立正确的职业观，合理规划职业发展轨迹，帮助大学生成长为社会的骨干人才。因此，职业生涯规划指导知识是高校辅导员职业知识结构中不可或缺的部分。

这些知识之间并不是完全独立的，而是相互联系的动态结构。其中，思想政治教育学知识是高校辅导员活动的实体部分，教育学、心理学知识和学生事务管理知识对传授理论知识发挥着支撑作用。职业生涯规划指导知识既是高校辅导员对上述知识的深化，也是高校辅导员对自身工作成熟程度的展现。

二、高校辅导员的职业技能

职业技能是高校辅导员运用职业知识解决工作中的问题，实现工作目标的基本能力。在工作要求和岗位职责的层面上，高校辅导员的职业技能综合地体现为符合工作要求、履行岗位职责所直接需要的工作方式、方法、技巧。高校辅导员的职业技能和学生工作密切联系在一起，并在学生工作中展现出来，职业技能的水平高低直接制约和影响着学生工作的效果，对大学生成长成才起着十分重要的作用。

（一）基本工作技能

高校辅导员工作首先是一种服务育人的社会工作，基本工作技能是从事高校辅导员工作所必须具备的基本职业技能。在与大学生的各方面接触、开展服务工作的过程中，所需要的社会基本工作技能包括持续学习能力、语言表达能力、人际沟通能力、时间管理能力、情绪控制能力和信息技术能力。

第一，持续学习能力。持续学习能力是指获取信息，掌握新知识，增长才干的本领，高校辅导员要具备自学能力、带动别人学习的能力、研究型学习的能力。面对学生工作的新形势、新特点、新任务，高校辅导员都面临着知识更新的问题，都有一个不断加强学习能力的任务。作为担当育人重任的高校辅导员，应该审时度势，把学习作为永恒的主题，作为一个终身任务。在学习中更新观念，进行知识、智力、能力的武装，不断从学习中汲取营养、充实知识、提高本领，这样才能胜任大学生教育管理的重担。因此，持续学习能力是一种基础能力，是高校辅导员成长进步的动力源，高校辅导员要提高工作能力和工作水平，必须以提高持续学习能力为基础。

第二，语言表达能力。语言表达能力是指在进行信息联系、交流和教育过程中善于表达自己思想、认识、情感和思维内容的基本能力。语言表达能力包括口头语言、书面语言和体态语言表达能力。高校辅导员的语言表达能力必须适合教育需要和学生身心发展特点，富有高度的逻辑性和艺术性。高校辅导员需要熟练使用规范语言，语法正确，语音、语调讲究；语言应简明准确，具有感染力，使学生能够及时迅速地捕捉信息，并获得情感体验。高校辅导员恰当、准确的语言表达，能够把一些经验性的、共性的实践经验归纳、整理、总结成长规律，上升为理论，从而进一步有效指导实践活动；能够深入浅出地讲明道理，达到以理服人的效果。因此，语言表达能力是高校辅导员职业基本技能的重要方面，语言表达能力的强弱直接影响高校辅导员教育影响的效果。

第三，人际沟通能力。人际沟通能力是指高校辅导员掌握沟通技巧，选择恰当的方式与学生、教师和学校相关部门进行沟通，与交往对象建立和谐人际关系的能力。良好的沟通是高校辅导员有效开展工作的重要手段。高校辅导员的主要任务之一是做学生的思想工作，在与学生的沟通中，高校辅导员应以学生为本，坚持尊重和理解的原则，掌握谈话和倾听的技巧，分析和抓住学生的思想动态和心理特征，以平等的心态接近学生，尽最大的努力为他们排忧解难，替他们争取更有利的发展空间，与他们成为无话不谈的朋友。高校辅导员人际沟通能力在很大程度上决定了其教育成效和工作成效的大小，因此，人际沟通能力是高校辅导员做思想工作最基本的职业技能之一。

第四，时间管理能力。时间管理能力是指高校辅导员在面对纷繁复杂的日常工作时，能合理安排工作计划，善于分配好工作时间和精力的能力。高校辅导员可以根据自己的情况有一些具体而细致的时间管理方法，但也应正确处理重要性与紧迫性的关系、工作效率与效果的关系。更重要的是，高校辅导员要通过自己的实际行动来告诉学生怎样进行时间管理以提高自己的学习和工作效率。

第五，情绪控制能力。情绪控制能力是指高校辅导员对自身的情绪、情感的控制管理能力，以及人际关系的调节能力，包括认识自身情绪的能力、妥善管理情绪的能力、自我激励的能力、认知他人情绪的能力，以及人际关系的调节能力。在工作过程中，高校辅导员常常会碰到不顺利的事情和局面，从而造成情绪低沉。但是，高校辅导员不能让自己的情绪影响自己的工作，更不能将自己的情绪影响到与学生之间的关系。这就要求高校辅导员有较强的情绪控制能力，尽量避免陷入低落的情绪当中。在情绪可能低落的时候，听一些欢快的乐曲，想一些高兴的事情，用一些积极的话语鼓励自己，这样可以很有效地避免自己陷入低落的情绪当中。情绪控制能力在现代组织管理理论中越来越受到重视，在高校辅导员基本工作技能中也越来越重要。

第六，信息技术能力。信息技术能力是指高校辅导员在当今网络社会中，能充分运用现代信息技术，对信息进行搜集处理，建设融思想性、知识性、趣味性、服务性于一体的主题教育网站或网页，积极开展生动活泼的思想政治教育活动，全面提高思想政治教育水平的能力。现代信息网络技术的普及和发展极大地满足了大学生强烈的求知欲和对新事物的认识，使大学生自主地学习到了许多新知识，但所带来的一系列问题也使高校学生工作困难重重。学生工作的信息化已成为不可逆转的时代趋势，这就要求高校辅导员一方面在实际工作中不断学习新的信息技术，推进学生教育管理的网络化、信息化；另一方面，高校辅导员要积极利用QQ、微博、微信、手机短信等学生喜闻乐见的形式，加强与学生的交流沟通，提高工作的说服力、感染力和时效性、针对性。高校辅导员信息素养的提高是新时期大学生思想政治教育的必然要求，高校辅导员娴熟地运用现代信息技术进行教育与管理是高校学生工作与时俱进的重要标志。

（二）组织管理技能

高校辅导员作为大学生工作的组织者与指导者，必须具备较强的组织管理能力，才能驾驭全局和处理各种突发事件，对大学生进行有序和有效的组织管理，从而构建良好的校园文化、班级文化和校风学风。高校辅导员的组织管理技能主要包括领导能力、执行能力、组织能力、协调能力和调研能力。

第一，领导能力。领导能力是指高校辅导员具有组织调动本单位、本部门的力量，形成凝聚力的能力。包括有效指导班级、学生会、学生社团、学生党支部等学生组织开展自身建设和相应活动的能力；培养学生骨干和进行学生队伍建设的能力；发动广大学生参与学校事务管理的能力。

第二，执行能力。执行能力是指高校辅导员贯彻工作意图，完成预定目标的操作能力。当工作任务已经确定，执行能力就显得尤为重要。高校辅导员的执行能力是贯彻落实党的教育方针，贯彻落实上级组织、各级领导的指示和要求的能力。高校辅导员在执行任务的过程中要做到：积极主动，真抓实干；质量第一，实效优先；乐观积极，开拓创新。

第三，组织能力。组织能力主要是指高校辅导员要善于整合、优化配置各种资源来共同做好学生工作。随着我国高等教育向大众化迈进，高等学校实行扩招以后，高校辅导员管辖的学生班级和学生人数都有较大幅度的增长，学生工作的内容不断丰富，因此高校辅导员要有良好的组织能力，动员各方力量来共同工作。一是要发挥班主任的作用来做学生工作；二是要发挥党团组织、学生组织的作用来做学生工作；三是要发挥学生骨干的作用来做学生工作。因此，高校辅导员的组织能力主要表现在对活动的选择、方案的制订、活动开展的运作及活动后的总结能有完整的、详细的考虑和有力的保障措施，并能调动、组合周围人的积极性和优势以做好工作。

第四，协调能力。协调能力是指高校辅导员协调学生干部之间、学生管理工作与教学工作之间，以及学校各个部门之间的关系，并使之形成教育合力的能力。现在的学生工作涵盖了学生的衣食住行、学习生活、娱乐休闲、心理辅导、就业指导等方方面面，因而需要同方方面面的人打交道。高校辅导员几乎要与学校的每个部门打交道，要与学生家长和社会接触，要与学生朝夕相处，没有良好的合作精神和协调能力将寸步难行。

第五，调研能力。调研能力是指高校辅导员善于通过接触、观察，了解学生的思想、行为等，并从中发现学生特点、规律，深入分析学生的情绪状态和心理状况，有预见性的开展工作的能力。除了正规的课堂教学、辅导咨询，学生的问题更多的是渗透在日常生活、学习、活动之中。高校辅导员与大学生接触机会较多，在现实生活中，如果大学生有思想等问题的萌芽，他们常常是"第一目击者"。高校辅导员的调研能力使他们能在初始阶段就给予及时疏导，大事化小，小事化了，时刻了解学生的思想政治状况是做好学生工作的前提和基础。

（三）业务指导技能

业务指导技能主要是高校辅导员在解决学生工作的具体问题、完成具体任务时所体现的技能，是高校辅导员工作水平的直接体现，也是职业与非职业的根本区别。业务指导技能主要包括学习指导能力、生活指导能力、心理疏导能力、职业生涯指导能力、就业指导能力。

第一，学习指导能力。学习指导能力是指高校辅导员针对大学生在学习活动中发生的各种问题进行指导的能力，它在大学生学习方法和策略的指导、大学生学习习惯的养成、班级学习氛围的形成等方面起着重要作用。其内容主要包括：指导大学生选课、补课、形成良好的学习方法、培养学习兴趣、克服厌学心理、管理逃课现象、创建良好学风等。为此，高校辅导员需要在全面判断大学生总体水平和学习能力的基础上，运用学习心理学与咨询心理学等相关理论给予大学生学习方法上的指导。比如，针对许多大学生存在的学习动机不足、学习方法不适应等问题，高校辅导员应该开展学习技能、学习态度与动机、学习习惯与方法方面的训练与指导；对部分大学生的学习问题进行干预与矫治，如帮助大学生克服厌学情绪、注意力障碍、自暴自弃与学习困难等。总之，高校辅导员需要迅速捕捉大学生的学习问题，对不同的学生进行分类、定位，有针对性地对集体性的问题进行有计划的引导，对个别性的问题进行单独指导。

第二，生活指导能力。生活指导能力是指高校辅导员在帮助大学生形成良好的生活习惯，促进大学生个人生活健康方面的能力，主要包括身体健康指导、行为指导、人际关系指导等。身体健康指导要求高校辅导员掌握一定的健康知识，对大学生的日常健康提供最为基本的咨询指导服务；行为指导主要针对大学生的缺陷行为、不适当行为、不道德行为、违法违纪行为等方面进行指导；人际关系指导主要针对大学生如何处理师生关系、同学关系、朋友关系等方面开展咨询和指导。

第三，心理疏导能力。作为大学生成长过程的指导者和引路人，高校辅导员还必须承担疏导大学生心理的职能。大学生经常面临一些适应性问题，需要高校辅导员传授相关的知识和技巧，因此，高校辅导员应具备心理辅导技能，积极协助学校心理健康指导中心做好大学生的咨询和指导工作，并及时做好大学生心理危机干预等工作，关注大学生的心理健康水平，开展深入细致的心理健康教育。高校辅导员的心理疏导技能包括通过一定的教育活动提高大学生学习、人际交往与社会适应等方面的心理素质，充分开发大学生潜能，促进其健全发展的能力；针对有心理困扰或心理障碍的大学生，通过运用鉴别、诊断、干预等心理咨询的程序与技术，消除其心理不适，防治心理疾病，使其保持心理健康的能力；帮助大学生建立心理防御体系，提高有效规避风险的能力等。

第四，职业生涯指导能力。职业生涯指导能力是指高校辅导员通过科学的职业生涯指导服务，帮助大学生科学定位自我、发展自我、实现自我的技能。职业生涯指导技能不是简单的职业设计或就业信息的提供，而是帮助大学生在认识自我和职业世界的基础上，做好职业选择、就业准备的综合性技能。职业生涯辅导能力包括职业能力测评技术、素质测评技术、职业生涯规划与设计实践经验、与大学生沟通的技巧、信息搜集处理技能、预测分析技能、求职面试技巧等。高校辅导员可以把大学生的理想信念教育和职业生涯指导相结合，把大学生的世界观、人生观和价值观教育与职业生涯目标、职业生涯态度等内容相结合，为大学生提供各种职业生涯发展所需要的信息，帮助大学生认识自我，认识职业世界，并指导大学生有针对性地参加一些职业生涯辅导活动，从而使大学生能够科学地规划学习、生活，正确地进行职业选择，达到人与职业的优化组合，实现职业理想。

第五，就业指导能力。就业指导能力是指高校辅导员对大学生就业所需要的职业观念、知识、方法和技能进行系统的辅导，并进行全过程、多方位的培训和指导，全面提升大学生的就业能力，帮助大学生成功实现就业的职业指导能力。主要包括成才教育指导、职业素质培训指导、择业心理咨询指导、就业政策与就业技巧指导等。具体体现为从就业指导中心、媒体、网络、往届毕业生、企事业单位等搜集静态、动态信息，对信息进行归纳、分析、判断和评估，为大学生提供丰富的就业政策、就业信息的能力；帮助大学生树立正确的就业观念、勇于面对竞争的观念、发挥专业所长但也注重综合素质提升的观念的能力；帮助大学生确立自主创业观念的能力；指导大学生掌握择业心理调适技能、制作简历的技巧及面试技巧等能力。

（四）开拓创新技能

"创新是一个民族进步的灵魂，是国家兴旺发达的不竭动力。""一个没有创新能力的民族将难以屹立于世界民族之林。"同样，一个没有创新能力，没有创新性的高校辅导员队伍是很难承担新时期思想政治教育工作的。培养具有创新精神和实践能力的高素质人才，是知识经济条件下高等教育的重要使命。大学生思想政治教育作为人才培养的重要实践活动，就必须紧紧围绕培养"高素质创新人才"这一根本任务来实施。高校辅导员所具有的开拓创新技能，对大学生创新精神与能力的培养无疑具有重要的激励与促进作用。开拓创新技能主要包括科学研究能力、创新工作能力和危机处理能力。

第一，科学研究能力。高校辅导员从事的是大学生思想政治教育工作，科学把握大学生的思想品德形成规律和对大学生进行思想政治教育的规律，是做好教育工作的前提。同时由于教育对象的复杂性，决定了高校辅导员工作是一个探索性和实践性很强的工作。尤其是在全球化、高等教育大众化及市场经济深入发展的新形势下，在人才培养方面所面临的问题越来越复杂，极具挑战性。高校辅导员必须适应这种挑战与要求。新时期的高校辅导员队伍不仅是管理队伍，也是教学科研队伍，特别是在高校辅导员队伍建设职业化的形势下，科研素质是其必备的职业能力，这是由高校辅导员工作的性质和客观要求所决定的。

第二，创新工作能力。高校辅导员的工作本身就是一项极富创造性的工作。善于开拓创新，敢于突破陈规是高校辅导员完成工作任务、实现思想政治教育目标，开创工作新局面的关键所在。具体来说，作为高校辅导员，其创新工作技能集中体现在以下五点上：一是创造性地调动学生干部及基层组织的积极性。二是创造性地探索思想政治教育工作的新途径、新模式。三是创造性地开展各类学生活动。四是创造性地提高事务性管理工作的效率。五是创造性地解决学生中出现的各类矛盾和问题。因此，新时期高校辅导员必须注重自身创新素质的培养，努力开拓自己的视野，独立思考、积极进取，形成创造性思维的习惯和提高开拓创新的能力。

第三，危机处理能力。危机处理既是高校辅导员一种育人能力的表现，又是一种育人的艺术。高校发展迅速，改革加快，人员密集，成分多元，周边环境复杂，受社会诸多因素的影响，必然会发生各种危机事件。面对渐进的或突发的校园危机，高校辅导员要临危不乱，头脑清醒，冷静对待，妥善处理，在处理危机过程中应该果断而不武断、机智而不呆板、忍让而不软弱、谨慎而不怯懦。总之高校辅导员要树立危机意识，学会危机防范管理，提高危机干预和危机处理能力，以保障高校改革、发展、稳定，为大学生学习、生活、娱乐提供安全稳定的环境。在突如其来的事件面前，高校辅导员做到临阵不乱、条理清晰、进退有据、稳妥有方，这也是检验一名高校辅导员是否合格的重要标准，因此，危机处理能力已成为高校辅导员必备的能力之一。

三、高校辅导员的职业素养

"素养"在《现代汉语词典》的解释为：平日的修养，是个体人后天习得的行为修养。素养是人在先天生理的基础上，受后天环境的影响，通过个体自身的认识与社会实践，养成的比较稳定的身心发展的基本品质。素养通常具有隐蔽性和相对的稳定性，是人的内在品质转化和形成的必要条件。高校辅导员的职业素养是高校辅导员在职业实践中不断提升反思、观察能力而表现出来的内在素养。职业素养是高校辅导员职业化的内在动力和内部保障，是高校辅导员在职业过程中表现出来的内在品质。高校辅导员的职业素养，一般包括政治素养、思想素养、道德素养和身心素养四个方面。

（一）政治素养

政治素养是指政治方向、政治立场、政治敏锐性、政治品质、政治气节的总和。这是高校辅导员各方面素养中最重要的素养，对其他素养的形成起着激励和导向作用，是高校能否把学生培养成为社会主义事业接班人的根本保证，也是高校辅导员做好学生政治思想教育的前提。高校辅导员的政治素养不仅对其本身起支配作用，而且直接关系到学生的政治素养及其成长、成才。具体地说，政治素养是高校辅导员的政治信仰、政治立场、政治能力、政治纪律、政策水平等方面的综合表现。

第一，坚定正确的政治信仰。政治信仰是对一定阶级、派别、政治集团利益和要求的坚定信念。政治信仰是否正确是检验高校辅导员政治本色的根本标志。高校辅导员必须有正确的政治信仰，这不仅关系到帮助大学生树立正确的人生观、世界观，还关系到国家的命运，因为高校是培养高素质人才的重要基地，青年大学生主宰着国家的未来，青年大学生必须有敏锐的政治头脑和远大的抱负，才能担当起历史的重任。

第二，坚定不移的政治立场。政治立场是指人们在观察和处理政治问题时的基本出发点和态度，它集中反映着这些人所代表的阶级、派别、政治集团的利益和要求。在阶级社会里，人们的阶级立场不同，对社会政治制度、法律制度、社会意识形态的基本看法、态度、思想感情就不同。高校辅导员工作的特殊性，要求高校辅导员必须站在无产阶级和广大人民群众的立场上，坚持四项基本原则，坚持党的基本路线，在思想上、政治上和党中央保持一致，警惕并抵制国外敌对势力的渗透和国内资产阶级自由化思潮的侵蚀，才能做好学生的教育和管理工作。只有具备了坚定不移的政治立场，高校辅导员才能经受各种诱惑和考验，成功地完成历史赋予的使命。

第三，较高的政治能力。政治能力主要是指政治上分辨是非的能力、政治敏锐性，以及善于从实际出发正确处理各种政治问题的能力。较高的政治能力是高校辅导员坚持正确的方向，科学把握各种社会思潮和思想问题，对大学生有针对性地开展思想政治教育的关键。从发展中看成就、看问题、找对策，善于把握青年学生的身心特点和思想轨迹，了解他们的思想困惑和发展规律，针对性地以事实切中要害，解决问题，引导大学生解决发展过程中的难题，促进他们的成长、成才。只有这样，高校辅导员才能在错综复杂的政治条件下，分清是非，识别真伪，正确处理各种政治问题，搜集政治信息、引导政治舆论，运用法律、法规和政策调动和储备政治资源，不断探索思想政治教育工作的新方法，开创工作新局面。

第四，严格的政治纪律。遵守政治纪律，就是要求高校辅导员在政治问题上，在大是大非的原则问题上，旗帜鲜明地按照党中央的精神办事，绝不能另搞一套。如果高校辅导员不能在教育过程中贯彻党的路线、方针、政策，对党的政策评头论足，发表与中央精神不一致的言论，甚至对党的路线、方针、政策表示怀疑和不满情绪，就会起到一种反面宣传的作用，就会搞乱大学生的思想，就会严重损害党的利益，就会导致思想政治教育的失败。可见，有没有严明的政治纪律，绝不是一个小问题，而是思想政治教育者党性的体现，是决定思想政治教育成败的原则性问题。

第五，较强的政策水平。政策水平主要是指认识、理解和执行党的政策的水平。政策水平主要体现在高校辅导员正确贯彻党的政策，按照党的政策，结合学生实际情况，正确区分不同性质的矛盾和不同事物的界限，如正确区分认识问题和学术问题的界限等。在现实生活中，各种矛盾往往交织在一起，高校辅导员只有熟悉并善于运用政策，才能有效开展工作。

（二）思想素养

思想是人们对自身的社会存在及其周围客观世界的关系的主观反映，是人们在社会实践中通过大脑对输入的外界信息自觉进行整合后的产物，属于精神、意识现象的一部分。从思想反映的内容和形式上看，高校辅导员的思想素质应该包括以下三个方面。

第一，正确的思想观念。思想观念是客观现实在人们意识中的反映。高校辅导员只有具备正确的思想观念，才能跟上时代步伐，做好大学生的日常思想政治教育和管理工作。这就要求高校辅导员要树立正确的世界观、人生观和价值观和树立以人为本的观念。具体而言，高校辅导员的一切工作必须以人的全面发展和充分体现人的主体地位为出发点和归宿。

第二，科学的思维方式。思维方式是人类认识世界的中介系统，是保证思维活动正确运行的规则、线路和手段。思维方式是人类在认识和改造客观世界的实践活动中形成和发展起来的，是人们对实践经验进行总结、概括和提炼的结果，也是人的认识成果的内化或意识化，具有系统整体性、社会历史性、相对稳定性、规范性、自动性等特点。科学的思维方式促进人们的认识和实践活动的发展；错误的、僵化的思维方式阻碍人们的认识和实践活动的发展。对于高校辅导员而言，要树立科学的思维方式，根本上就是树立唯物辩证的思维方式。具体体现就是坚持全面看问题的思维方式和坚持发展的思维方式。

第三，优良的思想作风。思想作风是人们在思想、工作和生活中所表现出来的态度，是思想素养的重要内容和综合表现。高校辅导员的思想作风素养主要体现为实事求是、密切联系群众、批评和自我批评，以及艰苦奋斗的思想作风。

（三）道德素养

高校辅导员作为大学生健康成长的领路人，不仅要有真理的力量和科学方法，而且还应该具有高尚的道德修养。只有具备了高尚的道德情操，高校辅导员的工作才能具有强大的吸引力和感染力，才能更好地引导大学生向着社会要求的方向发展。高校辅导员的人格力量是任何教科书、任何道德箴言、任何奖励和惩罚手段都无法代替的一种教育力量，良好的师德和人格形象是学生学习的榜样，对学生健康人格的形成和发展将产生潜移默化的作用。高校辅导员优秀的道德素质包括以下方面。

第一，杰出的人格魅力。人格魅力指一个人在性格、气质、能力、道德品质等方面具有的能吸引人的力量，是一种人品、能力、情感的综合体现。高校辅导员杰出的人格魅力能有效地吸引和影响大学生，促使大学生由知向行转化。高校辅导员作为教师队伍和管理队伍的重要组成部分，承担"传道、授业、解惑"的职责，他们传的是文明之道，授的是立身之业，解的是人生之惑，其人格是一种情感意志人格。高校辅导员如果能够做到以情感人、以行动人，便会产生一种无形的激发力，达到"以情动情"教育效果。

第二，优良的职业道德。两千多年前，孔子就提出"执事敬、业乐群"的思想。高校辅导员能否出色地履行自己的职责和义务，不仅取决于它的知识和才能，更多地取决于他对从事事业的态度和情感。高校辅导员职业道德素养体现为爱岗敬业，无私奉献；热爱学生，尊重学生；严于律己，为人师表；勇于追求，创新教育等。

（四）身心素养

高校辅导员的身心素养是衡量和考察高校辅导员的基本素养3"身体是革命的本钱"，高校辅导员工作职业的特殊性及其劳动的艰巨性和复杂性，要求高校辅导员应具有强壮的体魄、充沛的精力和积极健康的心态。因此，身心素养包括高校辅导员的身体素养和心理素养。

第一，身体素养。高校辅导员的身体素养是指其从事高校辅导员工作的各种生理条件的综合。健康的身体素养是高校辅导员搞好工作的基础和前提，如果没有健康的身体，高校辅导员就难以胜任繁忙的工作。高校辅导员身体素养的要求主要有：体魄健康，充满生命活力。

第二，心理素养。心理素养是指一个人所具有的稳定的心理特征。高校辅导员作为一个特定的群体，肩负着学生的思想政治的教育、学习活动的组织、日常生活的管理等；既是学校贯彻、落实、实施教育教学计划的主要渠道，又是协调学校、家庭、社会、教师（任课教师）等对学生进行综合性培养教育的桥梁，同时也是建造和谐校园的重要一环。因此说，高校政治高校辅导员心理素养至关重要。高校辅导员心理素养的要求主要有：正确的自我意识，丰富的想象，良好的性格，健康的情绪，坚强的意志等方面。

"集体如同一种非常灵敏的乐器，只有在调好音调的情况下，它才能奏出影响每个受教育者心灵所必需的、具有教育意义的音乐。要调准音调只有依靠教师即教育者的个性，更确切地说，就是要靠受教育者是否把教师当作人看待以及他们在教育者身上所观察和发现到的东西。教育者的个性、思想信念及精神生活的财富，是一种能激发每个受教育者检点自己、反省自己和控制自己的力量。"因此，高校辅导员必须重视提高自己的职业素养。①

第三节 高校辅导员工作的关键

一、抓好关键环节

（一）新生入学教育

对于高校辅导员工作而言，新生入学教育是不可忽视的重要环节。自学生入校就从思想、政治、能力、行为等各方面加强对他们的培养，夯实基础，能为学

---
① 唐德斌.职业化背景下高校辅导员的专业化发展［M］.成都：四川人民出版社，2013.

生未来几年的思想教育和管理奠定良好的基础。

新生入学教育是指新生入学后，学校根据培养目标，在新生的学习、生活、心理、人际等方面开展的一系列教育活动。可以说，每个学校在新生入学时，都会有针对性地对新生进行爱校教育、专业思想教育、法规校纪教育、适应教育和理想信念教育。对于高校辅导员来说，新生入学教育绝不仅仅意味着配合学校进行教育的组织工作，而是应该规划设计带有自身特色的新生入学主题教育活动，通过新生入学教育，帮助新生深刻认识大学学习生活的重要变化，从而使新生更快、更好地适应大学的环境。高校辅导员的新生入学主题教育并非追求大而全，而是从细致和实用的角度出发，通过一定的主题教育活动来帮助新生、引导新生，使新生入学教育形成校、院、班级的完整系统，更好地发挥引导作用。新生入学教育应着重把握以下三项工作。

1. 学习引导教育

在大学里，以"教"为中心的教学模式变成了以"学"为中心的教学模式，教师为主导，学生为主体，要让学生主动去发现、去探索问题。学习方法对学习结果的影响是不言而喻的，所以学习方法的引导对新生将来的学习至关重要。高校辅导员应当通过教师专题报告、研究生和高年级优秀本科生介绍经验等形式，向新生介绍学习方法和专业研究经验，让他们做好思想准备，少走弯路，引导他们在未来的学习生活中积极观察、思考，掌握适合自己的学习方法，顺利度过学习适应期。学习引导教育要包含以下内容：第一，帮助新生明确学习的目标和定位。大学学习是为自己未来立足于竞争激烈的社会做准备。学生要珍惜学习机会，明确学习目标，掌握科学的学习方法，朝着预期的目标，循序渐进，力争成为有用之才。第二，教育新生明确学习主体的角色转变。高校的学习主体就是大学生本人，大学生要变高中阶段的被动接受教育为主动寻求教育，即变"要我学"为"我要学"，掌握学习的主动权。第三，培养新生正确的学习方法，适应大学学习特点。大学老师讲课时需要在有限的学时中完成教学大纲要求，很难面面俱到，加上当今科学技术迅猛发展，教师可能还要补充许多课外知识，大学生自学及自我知识更新能力的培养变得至关重要。第四，帮助新生学会科学地运筹时间。高校学生自由时间较多，因此要善于制订合理的学习、娱乐及体育锻炼计划，做到有条有理，劳逸结合。第五，帮助新生学会利用图书馆和网络中的各种文献资料，学会自我解惑，充实提高自己。

2. 职业生涯教育

大学阶段是大学生在个体社会化过程中的一个特殊的重要时期。大学从新生入学第一天开始就要关注他们成长，帮助其进行四年大学生活规划和人生职业规划。大学新生教育在社会化方面主要是让新生明确社会角色意识，承担起肩负的社会责任。让学生尽快明确自己的社会角色和社会责任，开展职业生涯教育应是一个行之有效的办法。我国职业生涯教育起步较晚，尚未形成系统的教育体系。国外的一些先进职业生涯教育理念值得我们借鉴。它与传统意义上的职业教育相联系但又有所区别，它与终身教育的目标相一致但又丰富了其内涵，是通过教育促进人生价值实现，从而为社会提供适应时代要求的优质劳动者而进行的新的探索。职业生涯教育是在各个阶段的学校教育中进行职业生涯观念和职业生涯准备的教育，旨在使学生具有相应的职业知识和技能，同时培养学生了解自己、积极主动地选择人生道路的能力。它要求从幼儿至成人的整个教育过程中，都要将传授知识与学生将来的工作和生存方式相结合。大学由于和人才市场的联系紧密，对职业生涯教育应当高度重视。学生在对职业生涯的选择和决定过程中难免会有苦恼和困惑，因而学校又设专门教师进行职业生涯辅导，对学生进行个别的或小组的引导帮助，为他们提供信息，让他们按照自己的意志负责地选择或决定自己未来的人生道路。提倡学生制订职业生涯规划，即在对一个人的主客观条件进行测定、分析的基础上，确定其最佳的职业奋斗目标。

3. 新生心理辅导

学生进入大学后，常常会产生某种失落感，出现心理上的不适应。这种不适应通常有四种情况：第一种是因环境不适应产生心理不适应，有的新生一遇到挫折就会产生较长时间的焦虑自责；第二种是由中学生向大学生的角色转换，在心理上需要一个调适过程；第三种是每年的新生中都会有在高考中发挥失常的学生，他们看着昔日与自己不相上下的同学纷纷进入较好的院校或较好的专业，心理上易产生严重的不平衡；第四种是城乡中学素质教育发展的不均衡，使得相当一部分农村学生在多才多艺的城市学生面前，觉得自己缺乏特长，从而出现心理失衡。

导致这种心理失衡的因素首先是新生心目中的大学与现实中的大学发生冲突，产生心理落差；其次是新生对新环境，尤其是复杂的人际关系、不同教学模式的不适应，从而产生困惑，导致心理失调，如不及时调整，会产生诸如失落、自卑、焦虑、抑郁等心理问题。因此，学校应当对新生进行角色重新定位的思想教育，让新生逐步接受已成为普通大学一员的事实，能够接纳自我；采用"以老带新"的办法，通过老生亲身经验的传授，让新生在认识、评价自我的同时，也对心目中的大学形象进行调整，使其回归到现实中，以减少理想大学与现实大学间的冲突，从而使心理平衡。

为了帮助学生尽快适应和全面认识大学生活，学校在新生入学一周内对其进行一次心理辅导，入学一个月内进行一次心理普查，让新生尽快适应大学生活，学会与师生和谐相处。大学新生是从全国四面八方汇集到学校的，有着不同的生活习惯和思想文化背景，在大学新的环境中，他们的语言、思想、文化难免发生碰撞，与此同时，他们还面临学习、生活、人际关系等诸多方面的心理压力，在对全体新生做心理辅导和心理普查时，要注重了解学生遇到的困惑和难题，进行疏导沟通，发现他们存在心理问题时应及时与高校辅导员或心理辅导老师沟通，教给他们自我调整、自我放松的方法，让新生尽快适应大学生活。

（二）校纪校规教育

让学生养成良好的行为习惯，大一是关键，特别是大一两个学期期末的考试环节的教育尤为重要。作为高校辅导员要对班级学生进行诚信教育，抓考风建设，强调考试纪律。除带领大家学习学校有关考试规定和要求外，每逢期中、期末考试前，高校辅导员要分别召开班会，强调考试纪律，做到警钟长鸣。针对个别学生因一念之差违反校纪校规的现象，除按有关规定依法处理外，还要告知家长，形成合力，共同帮助学生正确认识错误，帮助他们走出阴影，树立进步的信心和勇气。同时，对学院其他学生进行警示教育，配合学院完善班级的学生管理制度，规范学生考勤、考评和请假制度，组织全班学生学习有关学生的规章管理制度，特别是学习有关处分的规章细节，要求学生严格要求自己，严格遵守校纪校规，在学生中将遵纪守法的观念转化为一种内在的意识。

俗话说，无规矩不成方圆。对于一所学校而言，没有良好的校风校纪，学生又怎能好好学习？因此，几乎所有的学校都十分重视有关校纪校规的教育。它主要的目的是对学生进行行为规范养成教育，让学生了解学校的规章制度，加强校纪校规教育。然而传统的"由上而下"地条例宣读，无疑会让不喜束缚的"90后"学子心生反感。因此高校辅导员在开展校纪校规教育时，除传统的教育方式外，可以更多地通过案例讲述，来让学生更好地理解学校对学生的行为要求规范，逐步让同学们形成良好的纪律观念，自觉遵守各项规章制度，提高自我教育、自我管理、自我服务和自我约束的能力。

（三）毕业生离校主题教育

毕业生离校主题教育是高校辅导员日常思想政治教育的重要工作内容，也是每一个高校辅导员都需要面对的一项常规工作。由于毕业生具有一定的特殊性，因此高校辅导员在开展此项主题教育活动时，必须充分认清毕业生的群体特点，切实帮助毕业生认清自己，并尽一切力量帮助毕业生树立正确的世界观、价值观、择业观，让毕业生完成对于自身、对于社会的认知与思考，也让毕业生在大学的最后阶段能够重新认识自己的大学生活，进而激发毕业生对学校、对班集体的荣誉感。

二、抓好关键人群

（一）发挥学生党员的先锋作用

大学生党员是青年大学生中最具影响力的优秀群体，学生党员是学生的中坚力量，在大学生群体中有较高的威信，有一定的理论水平和较高的政治素质。他们在专业学习、社会工作、公益活动等方面发挥积极的作用，为广大学生树立了良好的导向示范作用。学生党员的示范作用是一种无形的力量，渗透在校园的各个角落，使学生在不知不觉中接受这种潜移默化的影响，并随之调整自己的言行，改变自己的思想意识和价值观念。绝大部分学生党员是品学兼优的同学，对引导广大学生健康成长起着积极的带头作用，在维护学校稳定、营造校园和谐、促进社会安定方面起着重要的带头作用。

1. 带动学习

大学生的中心任务是学习。学生党员要充分发挥带头作用，首先要自身素质过硬。大学生党员除完成好自己的学习任务，掌握为人民服务的过硬本领外，还要关注身边的同学，在同学中起带头作用。要特别关注爱上网的学生，对他们沉溺上网的行为要及时进行劝阻。学生党员要用自己的行动营造优秀带先进、先进带后进的良好氛围，形成"比学赶帮超"的学习风气。

2. 引领思想

学生党员不仅思想上、学习上、工作上要比其他同学表现优秀，生活上也要团结、关心、帮助同学，尤其是要关心经济困难、学习困难、就业困难的学生，具有为同学服务的精神。这样的学生党员在同学中具有很高的威信，也具有很强的影响力，他们的行为本身就是实实在在的思想政治教育。学生宿舍是大学生学习、生活、休息、娱乐和交流思想的重要场所，是对大学生开展思想政治工作的重要阵地。通过让学生党员参与学生宿舍的管理，沟通学生与学校宿教科之间的信息，收集和反馈学生对管理服务工作的建议和意见，宣传学生宿舍内的好人好事，监督检查室内卫生、环境卫生等活动，学校能够深入、准确地掌握学生的思想动态，及时处理学生在学习、生活方面存在的问题。

3. 传递文明

学生党员应自觉遵守国家法律，遵守校纪校规，不应该出现任何违纪行为；对学生中出现的违纪事件或不良事态苗头，应该及时向党组织反映，对学生的思想动态提出建议和意见；加强自身修养，不做违反道德规范的事情；带头遵守校园文明规定。

4. 推动党建

让学生党员直接参与学生党支部的建设,使他们既成为党支部的工作对象,又成为党支部工作的主体和骨干力量。例如,选拔优秀的学生党员担任支部书记、支委、党小组长,或是将政治理论学习、党员发展、积极分子培养与考察、联系普通学生等支部的具体的、操作性强的工作交给学生党员去做,以增强学生党员的创新意识和创造精神,同时也有利于提高他们自身的理论水平和工作能力。

5. 管理班级

让优秀学生党员担任班级学生干部或是担任低年级的助理班主任和联系人等工作,一方面可以开展优良学风班的创建工作,另一方面能够随时了解到学生学习、生活心理等各方面问题,并主动地向学校相关职能部门反映,争取得到解决和落实。

(二) 发挥学生干部的桥梁作用

高校学生干部是学生群体中的优秀分子,他们既有普通学生的诉求和愿望,又有别于普通学生,他们是学生中的积极分子,是班集体建设的骨干力量,更是高校辅导员的得力助手。高校辅导员要把有一定威信能起到模范带头作用的学生挑选出来,担任干部,还要对他们进行领导力训练,使他们掌握管理班级的方法,使他们懂得如何协助高校辅导员管理班级。这既有利于减轻高校辅导员工作的压力,又有利于培养锻炼学生的自我管理能力,全面提升学生综合素质。

1. 培养学生干部领导力的意义

"领导力"这个词语于19世纪中期出现,此后,许多专家学者对其概念进行了不同的表达和定义。在习惯上,人们把领导力定义为"领导者通过系列行为的组合,吸引和影响被领导者与利益相关者一起实现群体或组织目标的能力"。从以上定义中,我们不难看出,领导力的本质核心就是影响力、内聚力,是对他人的影响能力。培养学生干部的领导力,其目的在于激起学生干部内在的潜力、热情和信心,积极发挥影响,承担起更多的社会责任,使他们具有影响他人的能力素质。

2. 高校学生干部应具备的基本素质

思想道德素质。作为一名合格大学生干部,其最基本要素就是具备良好的思想道德素质。学生干部通过自身的榜样力量去吸引、感召、引导周围同学。

科学文化素质。求知欲强、喜欢探索是大学生群体的基本特点,这就要求学生干部有较高的科学文化素养和合理的知识结构。一般来说,学习成绩好的学生干部会更自信,也更容易建立起自己的威信。

能力素质(领导能力)。学生干部要想出色地完成学校老师交给的各项工作任务,就应不断增强领导才能,提高能力素质。

人文修养素质。作为一名优秀的学生干部，要具有开朗的性格、谦和的态度、博大的胸怀、得体的礼仪等。

3. 学生干部领导力的培养途径

（1）依托自我学习，通过自身成长培养领导力。学生干部和普通同学之间不是领导与被领导的关系，二者地位平等，只是各自分工不同，承担的责任不同。作为学生干部应加强学习，使自身具有良好的修养，用人格和品质去影响带动周围的同学。一是要正确处理好学习与工作之间的关系。作为学生，本职是学习，只有把自身的学习搞上去了，才会有更多的时间、精力去承担社会工作，服务同学。有些学生干部往往处理不好学习与工作的关系，出现工作能力强、学习成绩差，或是工作能力不强、学习成绩不好等现象。二是要有责任感和奉献精神。绝大部分的学生工作需要在课余时间完成，这就决定了学生干部必须具有强烈的奉献精神。三是要灵活运用工作方式方法。同学们性格各异，广大学生干部要根据其特点采取合理的工作手段与方式。四是要在工作中不断总结创新。几年前的一些工作模式、活动形式也已不适用于今天的学生工作，或已调不起同学的兴趣。学生干部来自学生群体当中，对同学们的兴趣爱好，最为熟悉和了解，学生干部要加强学习研究，创新设计出同学们喜闻乐见的学生活动，增强大学生思想政治教育的针对性、实效性。

（2）制订科学有效的学生干部培训计划，依托课程讲授培养领导力。学生干部的培训成效如何，直接取决于培训内容的设计。为此，我们结合学生干部的工作内容，遵循学生干部的成长规律，以培训对象、培训目标、培训需求等为基础来科学制订培训计划。整个培训计划应根据高校学生干部的培养目标，贯穿于大学四年的学习生活中，在不同阶段开展不同层次的培训，突出重点，细化梯度。在培训的内容上，紧随时代的发展，紧贴高校学生工作的实际，应涵盖知识培训、技能培训和素质培训。培训内容既可以是如何制订工作计划、如何决策、如何解决矛盾等操作性、实用性很强的培训，也可以是拓宽视野、交流研讨等启发式培训。在培训的方式上，采取素质拓展训练小组活动法、角色定位演示法等，充分调动学生干部的参与积极性。

（3）建立科学完善的领导力评价体系，借助考核督促提升领导力。领导力是无形的。因此，建立一套较为完善的领导力水平评价体系就显得尤为重要。评价体系可由几部分构成，如个人素质评价、工作绩效评价、同辈评价、教师评价等。教师、普通学生、学生干部均是评价主体。学生干部在评价体系的督促下不断自我反思、自我改进。

（4）以学生组织、学生社团为平台，通过广泛实践培养领导力。纵观古今中外，但凡在事业上取得成功的人在总结其成功经验时几乎都谈到，学生时代的课外活动对其自身成长的影响巨大，对其领导能力的培养作用很大，担任学生干部期间获得的实践经历是一笔宝贵的财富。学生社团活动为学生干部领导力的培养提供了很好的平台。高校要充分利用学生组织、学生社团这个平台，加强对学生干部的领导力培养。同时，要加强对学生组织、学生社团的指导，制定完善的选拔、考核制度，定期对学生组织的干部进行考核，注重学生干部的梯度培养，帮助学生社团实现可持续发展。

（5）以危机事件处置为契机，通过经验积累提升领导力。危机的发生虽然具有突发性，但仍然会有一些前兆，这就需要学生干部具备危机意识，具有较强的信息处理能力。近年来，校园危机频发，当危机发生后，学校会聚集各种资源和力量投入危机的应对中去。学生干部作为一支主力军，作用不可忽视。通过一次次危机事件的有效处置，广大学生干部的观察能力、信息捕捉能力、沟通协调能力等都会得到提升。

（三）帮扶就业困难学生

就业指导和服务是高校指导员工作的重要组成部分。近年来，随着毕业生人数的增加，国内产业结构的转型，就业工作面临新情况新挑战，部分学生在就业竞争力中处于劣势，就业困难。出现就业困难的学生有家庭贫困、学习困难、性别歧视、心理素质差、生理残疾、专业受冷落、不想就业等因素。为此，高校辅导员应从以下六个方面加强对就业困难学生的指导帮扶。

1. 做好毕业生摸底工作

困难毕业生较敏感，就业能力差，心理脆弱，对他们进行摸底是一项细致而繁重的工作。针对这种情况，高校辅导员要通过多种形式了解、确定困难毕业生的范围，建立困难毕业生档案。

2. 加强对就业困难毕业生的就业指导

通过就业指导课程、讲座及其他形式，帮助困难毕业生树立正确的就业观和择业观，提高他们的求职技巧，引导他们积极面向基层和一线就业。一方面，加强对学业和专业技能培训的指导，帮助他们顺利完成学业和考取资格证书；另一方面，为他们提供简历制作辅导、模拟训练、政策咨询等服务，提高他们的求职能力，多管齐下，促成其就业。在举办素质拓展训练营等各种提升就业能力的活动时，要优先考虑就业困难毕业生，帮助他们激发潜能，提升就业竞争力。

3. 采取灵活多样的就业推荐形式，予以优先推荐

及时便捷、有针对性地为就业困难毕业生提供各种就业信息，主动与招聘单位联系，予以重点推荐。密切跟踪他们求职面试的结果并给予相应的帮助。

4. 进行创业意识和能力培训

积极鼓励、引导困难毕业生参加创业意识、创业能力培训，以及大学生创业大赛等各种活动，提高困难毕业生的创业意识和创业能力，启发他们开阔视野，拓宽就业渠道。

5. 政策帮扶

积极帮助困难毕业生利用国家及省市有关优惠政策，为其提供政策引导，主动帮助困难毕业生联系各地人才市场、工会、妇联等部门落实毕业生就业援助计划等专项帮扶计划。对离校后未就业的困难毕业生，主动关心，配合相关部门做好衔接工作，使他们离校后能享受到国家和地方的有关优惠政策。

6. 要加强对就业困难毕业生的心理辅导

通过心理咨询、团体辅导、个性化辅导等方式，帮助他们化解就业心理问题和障碍，提高他们自我调适能力和心理承受能力，积极应对就业过程中的挫折。高校辅导员要加强对就业困难毕业生的思想教育和人文关怀，把握他们的思想动态和心理状态，发现他们思想和心理上可能产生的不良苗头，疏导他们因就业困难而引发的焦虑和悲观情绪。

（四）关注有心理问题的学生

大学生群体，一个看似轻松，事实上却承担巨大压力的群体。在学业、生活、情感、就业多重大山的压迫下，大学生的心理健康已经告急。目前，我国高校学生心理教育工作已经步入全面发展时期，几乎所有高校成立了大学生心理健康教育机构，有些高校的心理咨询中心已具备相当的规模和水平，通过开展心理沙龙、心理交流等活动来宣传大学生心理健康的必要性，一批专业化的心理健康教育与心理咨询队伍正在逐渐成长。在日常的教育管理中，高校辅导员要特别关注有心理问题的学生。

1. 大学生心理障碍特征

（1）自卑心理

自卑是人际交往的大敌。自卑的人悲观、忧郁、孤僻，不敢与人交往，认为自己处处不如别人，性格内向，总觉得别人瞧不起自己。自卑心理主要是由以下几种原因引起：过多的自我否定、消极的自我暗示、挫折的影响和心理或生理等方面的不足。像有的学生身材矮小、出身低微、学习差等。这类同学在学校中为数不少，这就加大了高校辅导员管理的难度和教育的力度。怎样才能让学生克服这种心理呢？首先，高校辅导员要教育学生采用积极的态度来面对生活，让他们正确地认识自己，提高自我评价。其次，要引导学生采用"阿Q"精神胜利法，人无完人，金无足赤，学会积极与人交往，增强自信。

（2）孤独心理

孤独是感到与世隔绝、无人与之进行情感或思想交流、孤单寂寞的心理状态。孤独者往往萎靡不振，并产生不合群的悲哀，从而影响正常的学习、交际和生活。这种心理主要由以下几种原因引起：性格内向、过于自负和自尊、遇到挫折。有句话说得好：水至清则无鱼，人至察则无徒。自尊、自负、自傲都会导致孤独的产生。还有一种人比较容易孤独，那就是喜欢做语言上的巨人、行动上的矮子的人。怎么样才能够改变这种心理呢？首先要使自己融入集体中。

（3）嫉妒心理

嫉妒是在人际交往中，因与他人比较发现自己在才能、学习、名誉等方面不如对方而产生的一种不悦、自惭、怨恨甚至带有破坏性的行为。特点是：对他人的长处、成绩心怀不满，抱以嫉妒；看到别人冒尖、出头不甘心，总希望别人落后于自己。嫉妒还有一个特点，就是没有竞争的勇气，往往采取挖苦、讥讽、打击甚至不合法的行动给他人造成危害。这种情况严重阻碍了大学生的心理健康和交际行为，给大学生成长成才造成了莫大的困难，因为嫉妒会吞噬人的理智和灵魂，影响正常思维，造成人格扭曲！有嫉妒心的人应多从提高自身修养方面下功夫，转移注意力，积极将自己的劣势转化为优势，采取正当、合法和理智的手段来消除嫉妒心理。

（4）交往困惑

异性交往本来是很正常的社交活动，但有时也是一个让大学生棘手的社交障碍。有些学生在不良心理因素的作用下，与异性交往时总感到要比与同性交往困难得多，以至于不敢、不愿，甚至不能和异性交往。这些大学生主要因为不能正确区别和处理友谊与爱情的关系，部分大学生划不清友情与爱情的界限，从而把友情幻想成爱情。要摆脱异性交往的困惑，首先要摆脱传统观念的束缚，要开展丰富多彩的集体活动，因为集体活动有利于男女同学建立自然、和谐和纯良的人际关系，其次要讲究分寸，以免引起不必要的误会。

2.造成大学生常见的心理问题的原因

从现代心理学角度分析，目前大学生的心理状况令人担忧，最近几次心理健康调查表明，大学生已成为心理弱势群体，心理处于不健康或亚健康状态的学生占50%左右。就现状看，大学生的精神问题主要表现在自闭、抑郁、焦虑、偏执、强迫、精神分裂等方面，其原因大多是学生的心理问题没有得到及时的调适和解决。

（1）交际困难造成心理压力

"踏着铃声进出课堂，宿舍里面不声不响，互联网上诉说衷肠。"这句顺口溜实际上反映了相当一部分大学生的交际现状。现代大学生的交际困难主要表现为不会独立生活，不知道如何与人沟通，不懂交往的技巧与原则。有的同学有自闭倾向，不愿与人交往；有的同学为交际而交际，不惜牺牲原则随波逐流。

（2）对网络产生过于强烈的依赖性

不少大学生因交际困难而在网络的虚拟世界里寻找心理满足，同时被网络本身的精彩深深吸引，所以，对网络的依赖性越来越强，有的甚至染上了网瘾，每天花大量时间泡在网上，沉湎于虚拟世界，自我封闭，与现实生活产生隔阂，不愿与人面对面交往。

（3）角色转换与适应障碍

大学新生都有一个角色转换与适应的过程，每年刚入学的大学生往往会出现各种各样的心理问题，心理学上将这时期称之为"大学新生心理失衡期"。导致新生心理失衡的原因首先是现实中的大学与他们心目中的大学不统一，由此产生心理落差；其次是新生对新的环境、新的人际关系、新的教学模式不适应，产生困惑而造成心理失调。另外，新生作为大学中普通的一员，与其以前在中学里作为佼佼者的感觉大不一样，这也是导致心理问题的诱因之一。

（4）学习与生活的压力

大学生的学习压力相当一部分来自所学专业非所爱，这使他们长期处于冲突与痛苦之中；课程负担过重，学习方法有问题，精神长期过度紧张也会带来压力；另外还有参加各类证书考试及考研所带来的应试压力等。精神长期处于高度紧张的状态下，极可能导致大学生出现强迫、焦虑甚至是精神分裂等心理疾病。生活的压力主要在于学生不善于独立生活和为人处世，还有生活贫困所造成的心理压力。

三、抓好关键载体

（一）打造班级品牌活动，凝聚班气人心

开展丰富多彩的班级活动是对学生进行思想品德和行为习惯教育的主阵地。高校辅导员要配合学校主题教育，结合班级实际情况，有计划地安排好每一次的教育主题，用丰富多彩的活动形式调动学生的积极性，如一年级开展朗诵会、读书会、辩论赛、趣味运动会，二年级开展故事会、心理情景剧表演，三年级开展就业经验交流会、文艺汇演，四年级开展就业信息收集工作坊、求职模拟招聘等，让学生在活动中受到教育，培养和增强班集体荣誉感。班集体荣誉感是班级建设的核心要素，是班级集体的精神动力。一个班级是否有生机和活力，能否成为一个名副其实的先进班集体，很大程度上取决于学生是否有较强的集体荣誉感。班集体荣誉感强的班级，往往是一个团结的班级、学风班风优良的班级。所以，高校辅导员一定要加强班集体凝聚力的建设。

高校辅导员开展一次主题教育活动并不难，难的是如何使主题教育活动的质

量高、学生参与性高、主题教育意义影响深远，这就要求高校辅导员要建立主题教育活动的长效机制，打造主题教育的品牌，让活动形成传统。品牌是教育活动的灵魂，品牌活动不仅能在校园中创造良好的活动氛围，更是主题教育活动可持续发展的需要和原动力。高校辅导员在开展主题教育活动中，应设计出符合学生发展需要、具有鲜明时代意义的主题活动，在活动实施的过程中，一定要保证实施的质量，应当扶持思想性和实践性强、能推动素质教育、繁荣校园文化的主题活动，打造一批主题深刻、规模宏大、社会影响力大的精品活动项目，形成"打造一个品牌，树立一种形象，传播一种精神"的良好氛围，一直传播和推广下去。

（二）研究网络传播规律，创新教育载体

互联网具有丰富的形式和内容，为网络思想政治教育的开展提供了良好的条件和巨大的空间。利用网络进行思想政治教育的过程就是围绕网络特点、网络技术和网络功能而展开，通过受教育者的网络行为发现其思想上存在的问题，以进行有针对性的教育，并根据受教育者的网络行为对教育实效进行检验反馈，从而为下一步网络思想政治教育的展开提供指向的过程。这方面的主要途径是建立思想政治教育网站，占领网络教育阵地。网站通过文字、数据、声音、图像等多种形式传播思想政治教育信息，使人们在声像结合、图文并茂中，优化对思想政治教育内容的理解和吸收。

1. 网络思想教育

以网络为载体进行网络思想政治教育，是把思想政治教育覆盖到全社会，进一步增强思想政治教育的针对性和有效性，开创思想政治教育新局面的需要。以网络资源和网络技术为载体的思想政治教育呈现出以下特点：第一，注重对受教育者潜移默化的影响。在当代社会，人们的独立意识和自我意识日益增强，传统的显性的灌输教育方法容易招致人们的逆反心理，直接影响教育效果。而建立在网络的隐蔽性和虚拟性基础之上的思想政治教育方法，淡化教育工作者的教育者身份和人们受教育的色彩，通过潜移默化的引导和渗透来进行。第二，注重发挥受教育者的主体性。传统的思想政治教育方法把受教育者当作容器进行理论灌输，忽视了教育过程中受教育者主体性作用的发挥。而基于网络交流的平等性和交互性，网络思想政治教育方法注重灵活运用BBS、聊天室等促成平等对话和交流，唤醒、激发个体的主体意识，充分发挥人们的主体性作用，使人们自觉地把一些思想准则和道德规范内化为自身的思想品德。第三，注重构建互动式、开放式的教育过程。网络思想政治教育旨在建立一个人人平等参与的互动、开放的教学模式。在这一过程中，思想政治教育不拘泥于静态的文字表述，而是注重综合采用各种多媒体技术，以精彩的画面和丰富的内容吸引人们进行双向互动，引导人们积极

地参与到教育过程中来,促进思想认识的提高。

2. 网络素养教育

对大学生进行网络道德教育,是高校思想政治教育发展的内在要求,是适应网络自身特点发展的需要,是解决部分大学生网上行为失范问题的需要。

网络素养,就是指在了解网络知识的基础上,理性地运用网络信息,为个体的发展服务。网络素养,不是先天就有的,而是后天习得的。高校开展网络素养教育,要围绕信息网络本质论、信息网络价值论、信息网络行为等观念与内容进行。要帮助大学生正确解决"信息网络的本质是什么"的问题,引导大学生辩证地认识和处理网络和人的活动的关系、虚拟社会与现实社会的关系;还要解决"网络对人和人类社会的价值、意义""网络对人的生存和社会发展的影响"等问题,引导大学生以科学的方法,从社会历史发展的总过程全面评价信息网络的社会功能,从而培养大学生对信息的选择能力、理解能力、质疑能力、评价能力、创造能力和制作能力,使之成为网络的主人,而不是网络的奴隶。

3. 网络教育方法

（1）自媒体的含义

自媒体就是用以微信、微博、博客、抖音为代表的网络技术,进行自主信息发布的个体传播主体。自媒体操作简单,不要求用户有任何的专业技术知识,用户只需在提供自媒体的网站上注册申请,选择运用工具模板,就可以在网络上发布文字、图片、视频等信息,创建个人日志,创建个人博客,创建属于自己的"媒体"。自媒体时代是指以个人传播为主的媒介时代,人人都有麦克风,人人都是记者,人人都是新闻传播者。

（2）自媒体时代大学生的网络行为与表现形态

自媒体作为数字科技发展的一种产物,其主要特征有：传播速度及时快捷,传播方式交互性强,传播信息可信度低。自媒体正深刻地影响和改变着大学生的学习方式、生活方式和思维方式。

自媒体成为高校学生获取新闻资讯的主要渠道。网络使当代大学生的获知方式发生了巨大变化,互联网已经成为高校学生进行学习的重要手段。我国网民规模继续保持平稳增长,互联网模式不断创新、线上线下服务融合加速,以及公共服务线上化步伐加快,成为网民规模增长推动力。据统计,自媒体已成为大学生获取新闻资讯的主要渠道,大学生可以利用碎片化时间且不受场地限制阅读新闻,极大地促进学生网民对网络新闻的阅读。大学生通过自媒体渠道接触到新闻资讯,并在对新闻的分享和转发过程中扩大新闻的覆盖面,使新闻真正走进其日常生活。

自媒体成为高校学生意见表达的重要平台。在自媒体时代,学生们往往会将自己的学习、生活状况等内容第一时间通过微信、微博、博客、抖音等进行发布,自媒体已经成为大学生表达自己意见和诉求的重要平台。尤其是近年来，发生突发事件或社会热点问题时，不少大学生往往会在第一时间通过自媒体来获取或传递信息，参与讨论，提出意见或建议，表达自己的利益诉求。最近几年，大学生以论坛、网上民意调查和投票等方式参与网络活动的热情高涨。当学生的切身利益受到损害时，大学生们往往会选择第一时间通过微信、微博、博客、抖音等进行发布，想借助舆论的力量给相关机构施加压力，以期按照自己的意愿解决问题。

自媒体增强大学生价值主体的自我认识。在虚拟的网络空间里，大学生通过自媒体认识自己、展现自己。

（3）自媒体时代大学生思想政治教育工作方法

不断创新教育方式方法，发挥思想政治教育主体的主观能动性。高校思想政治教育工作者要充分利用自媒体传播快捷、互动便利、功能强大等特点，将教育引导内容设计成能吸引大学生、教育大学生、易被大学生接受的信息，通过交流对话、发表博客、粉丝关注等网络形式，以互动式、渗透式、体验式的方式渗透到大学生的学习、生活、交友、娱乐等各个环节当中，增强思想政治教育的实效性。

加强对大学生媒介素养教育，促进思想政治教育客体的主体化。高校思想政治教育者应在大学生世界观、人生观、价值观形成的关键时期，加强对其教育引导，加强学生媒介素养教育，通过提升大学生的网络素养来传播核心价值。只有不断提升学生的能力素质，不断增强学生接受思想政治教育的主动性、主体性，自觉进行自我教育，我们的思想政治教育才能产生更大的影响力，取得更好的效果。

加强大学生互动网络社区建设，创新思想政治教育载体。面对大学生日益网络化的客观现实，高校思想政治教育应该正视现实，探索运用大学生乐于接受的宣传教育方式，加强网络载体建设。

四、抓好关键工作

（一）日常思想政治教育

大学生思想政治教育离不开日常管理，教育与管理相结合。既要坚持管理育人，把思想政治教育与大学生日常的学习生活管理结合起来，用学校的规章制度和管理规范来引导、约束学生的行为，又要把学校的思想政治工作制度化，使思想政治教育得到制度的规范、保障和支持。这样，才能把解决学生的思想认识问题和行为养成问题与解决学生的实际问题结合起来。

1.解决学生实际问题

大学生有许多实际问题。比如，一些家庭贫困的学生存在着经济问题；有些学生学习基础差，存在着学业困难；有的学生存在着适应环境方面的困难；有的学生与同学之间关系紧张或个人情感出现问题；有的学生在就业时存在困难；还有的学生存在心理障碍，等等。思想政治教育，一定要将大学生的思想问题与实际问题结合起来解决，只有这样，才能满足学生需要，把教育做到实处。

既要解决大学生的思想问题，又要解决大学生的实际问题，将解决思想问题与解决实际问题结合起来，这不仅是思想政治教育以人为本的直接体现，而且是思想政治教育针对性与实效性的要求。只有关心群众，才能更好地教育群众和引导群众。之所以要把解决思想问题与实际问题结合起来，是因为：其一，大学生的许多思想问题往往来自实际问题。学生的实际问题没有解决好，容易转变成为思想问题。比如，一些高校的饮食不卫生，饭菜质量差，住宿条件不好，体育设施老化且严重不足，图书资源缺乏，校园周边环境差，等等，都容易导致学生思想上有想法，情绪上有牢骚，滋生对学校和社会的不满，从而转化为思想问题。其二，解决实际问题能为解决思想问题提供条件。事实是具有说服力的。随着实际问题的解决，学生面对实实在在的客观事实，心情就会变得舒畅，态度就可能转变，对高校辅导员的意见和建议就更容易接受。这样，高校辅导员就有亲和力和说服力，就容易被学生接受，学生的种种思想问题也就容易解决。其三，解决思想问题，最终目的还是要解决实际问题。脱离实际问题而谈思想问题，往往陷于空谈，学生不但难以接受，反而反感，使得学生与高校辅导员拉开距离，增大隔阂，甚至有损思想政治教育形象。

诚然，我们在解决学生的实际问题时，不要只限于解决两三个具体问题，以解决问题替代思想教育，更不能为了讨好学生而一味地迎合学生需要，甚至置原则于不顾，回避教育。有时面对一些有严重思想问题的学生，是需要耐心细致地进行思想教育的，是需要严肃批评的，否则，错误思想无法克服，错误行为无法制止。

总之，要把解决实际问题与思想教育结合起来，及时解决实际问题是做好思想教育的目的，也是做好思想教育的途径。解决思想问题，为解决实际问题奠定思想基础，并实现对现实认识水平的超越。如果只限于解决实际问题，而没有解决思想问题，类似的问题还会出现，小的思想问题可能还会累积成为大的思想问题。

2. 做好个别教育

思想政治教育既要面向全体学生，准确把握一些普遍性的问题、热点和焦点问题，做好群体思想工作，又要注意处理好一些个别的、特殊的、突发的思想问题或学生事件，做到点面结合。只有这样，才能将学生思想政治教育做得既深入又全面，既有面的带动，又有点的突破。

个别工作主要是针对一些特殊学生来说的，如经济贫困学生、学习差的学生、受情感困扰的学生、违纪学生、有心理问题的学生、就业困难学生等；或者针对一些突发的偶然事件。当然，个别工作也包括一些优秀学生的骄傲自满问题，以及一些先进学生的进一步引导帮助问题等。

做好个别工作，既有利于全局的稳定与顺利发展，也有利于工作深化、突破，积累经验，推动全局发展。因而，要把一般教育与个别教育结合起来。

做个别工作的原则是：第一，要以人为本，从关心、爱护的前提出发，真心帮助学生，设身处地为学生着想，实实在在地解决他们的实际问题，耐心细致地解决他们的思想问题。不要歧视他们，也不要刺激他们，既要严格要求，又要讲究方法，尊重学生人格，平等对待每位学生。第二，要因地制宜，因人而异，根据实际情况，采取切实有效的教育方法和帮助手段，增强针对性，提高实效性。既然是个别工作，那么就需要用个别工作方法，如个别谈心、讨论、咨询等。第三，要注意保护学生隐私。为了做好个别工作，高校辅导员需要同学生进行深入的思想交流和心灵对话，此时学生可能将自己内心深处的真实思想、内在观念甚至个人隐私信息全部倾吐出来，老师应该为学生保守秘密，尊重学生隐私。第四，要注意个别指导与一般号召相结合。按照学生需要共同遵循的准则，提出教育与管理要求是必要的。同时要加强个别辅导，做好个别工作，不仅有利于满足不同学生的特殊需要，而且对其他学生也具有启示、警示作用。

3. 做好学生情况的动态管理

高校辅导员工作复杂、艰辛、繁忙，需要耐心、细致、认真、负责地付出心血和劳动。然而，艰辛的劳作，辛劳的汗水，换来的结果有时却是事倍功半、收效甚微，甚至事与愿违。高校辅导员工作不仅要尽心尽力，还需要讲究策略和方法。一是要搞好班级管理，首先要建立学生档案。高校辅导员要全面深入地了解学生的思想、学习生活及家庭状况，然后通过观察分析，建立学生档案。建立档案，便于掌握学生的全面情况，减少高校辅导员工作的主观性、随意性和盲目性。及时掌握和了解所带班级学生的基本情况，如班级人数、男女生人数、生源地区分布、有无助学贷款的学生、宿舍安排及分布情况等。二是引导学生制订远近目标。新学期一开始高校辅导员就要逐个找学生谈心，根据不同学生的实际情况，帮助他们制订近期和长远目标。近期目标要制订得很容易实现，有利于调动学生的积极性，如对照行为规范改掉一个缺点等。长远目标增加一些难度，如体育达标、理想的实现等。帮助引导学生制订远近目标，可激发学生的内驱力，从而达到自治自管的目的。三是培养得力的助手。学生中的积极分子是班集体的骨干力量，也是高校辅导员工作时的得力助手。高校辅导员要建立起自己的班级学生信息网络群,充分发挥沟通师生的桥梁作用。

(二) 学风建设工作

学风建设不可能一蹴而就,需要长期不懈的努力,才能达到持久的效果,要通过具体扎实的活动,边实施、边提炼、边总结,并一以贯之,持之以恒。建立学风建设的长效机制要从加强思想政治教育入手,以教风促学风,以制度建设和队伍建设为保障,建立竞争激励机制,充分发挥学生的自我教育和自我管理作用。充分发挥学长"传、帮、带"的作用,以及浓厚的学术氛围熏陶,突出各年级、各阶段、各时间节点,针对可能出现的问题,制订计划,制定方案,突出工作重点。

1. 召开主题班会,全员重视学风

针对大学生初入大学时出现的迷茫、不知所措、浮躁、自信心缺失等问题,要结合理想信念教育、诚信教育、主题教育,围绕学生学业规划、职业生涯规划和成才发展指导等专题教育,培养学生科学的学习观和正确的成才观。组织开展主题教育活动,使学生明确大学每个阶段学习生活的重点,了解试探期、定向期、发展期、实现期的大学阶段构成,使学生从进入大学的第一天起,就胸怀理想,找准定位,珍惜时间,努力拼搏,在大学结束之时,不后悔不彷徨,并在四年的大学生活里激发自己的潜能。

2. 大力宣传动员,积极营造严谨氛围

利用宣传栏、展板、条幅等宣传媒介,加大宣传力度,营造"个人讲学习,班级创学风"的良好氛围,使广大学生充分认识到学风建设的重要意义,从而推动学风建设的深入开展。通过广泛的宣传,引导学生注意培养人文素养,自觉、主动地获取知识。在实际工作中,应该引导学生尽早适应大学学习方式,积极主动地利用各种资源,如讲座、图书馆等,充实提高自己,全方位地提升自己的知识水平,掌握相应的职业技能,为今后参与激烈的社会竞争做好充分的准备。

3. 制定规章制度,规范学风管理

学风建设是一项系统工程,需要科学化、制度化、规范化的制度保障和管理。在加强教育的基础上,必须树立用制度规范和约束学生不文明行为的观念,做到奖惩分明,严明校纪,建立学风建设的长效机制。制定班团委工作规章制度及班级总体建设方案,通过制定科学、合理的学风建设制度,激发学生内在的学习动力。引导学生树立优良学风意识,规范学生的行为习惯,完善教学质量评价制度,采取优秀学生奖学金、优秀志愿者评比、科技竞赛奖励、榜样在身边等引导和激励措施,创造积极向上的学风氛围,达到培养有创新精神和实践能力的人才的目的。

4. 狠抓课堂教育，促进学风建设

课堂教育是教学的一个中心环节，高校辅导员首先要严抓课堂纪律，狠抓出勤率，实行课堂考勤与期中、期末考试成绩挂钩，对迟到、早退、交头接耳、接听手机等现象，给予及时批评和制止，维护良好的课堂纪律。其次，高校辅导员应加强与任课教师的沟通，及时反馈学生需求，使教师结合专业发展前景，不断丰富教学内容，改进教学方法，完善教学手段，加强课堂师生互动，激发学生的学习兴趣，引导学生将学习压力转化为动力。

5. 开展经验交流，拓展沟通渠道

学习经验交流活动主要在大一、大二学生中开展，学习经验交流活动是学风教育活动的重要组成部分。高校辅导员可以邀请高年级的优秀学生结合自身实际情况，联系当前的就业形势，主要就学习态度和方法、学习与社会活动等方面培养来交流。主要强调养成良好习惯、做好学业职业生涯规划的重要性，增强高年级学生与低年级学生之间的交流互动，搭起沟通的桥梁。同时，高校辅导员还可以围绕创建优良学风这一中心，开展专题报告、名师讲堂、模拟四级考试、考研经验交流等活动，活动内容涉及学生生活、学习、科研等各个领域，旨在提高学生自我教育、自我管理、自我服务的能力，帮助他们以更好的状态投入大学生活。

（三）班级建设

大学生在校学习、生活，离不开班级。班级是学校根据教育、管理的需要而组建起来的基本组织形式，是大学生自我教育、自我管理、自我服务的主要组织载体。因此，加强班级班风建设，发挥班集体在大学生思想政治教育中的作用十分重要。

多年来，通过对先进班集体的研究，发现它们通常具有一些共同特征：有一个团结、进取、乐于奉献的班委，制订明确的班级工作目标，形成具有特色的班级活动，树立班级形象，建设优良学风；以思想交流为基础，用相互关心、相互帮助来凝聚同学，共同成长。做好班级、学生会组织建设中的思想政治教育要掌握以下要点：

1. 确立班级共同目标

班级共同目标反映了全班同学共同的期望和追求，是激励全班同学前进的方向与动力。班干部应根据学校和学院（系）的培养目标与要求，根据广大同学的需要，制订分阶段、有特色的具体发展计划，形成共同目标，并将这些目标分解、细化，逐步实施。如学习优秀率、考试通过率、就业率、管理合格率，以及在各种竞赛、文娱活动中的成绩等，都可以制订比较详细的具体目标，并提出实现目标的措施，以共同目标凝聚全班同学，相互促进。

2. 加强班级制度建设

建立健全班级制度是实现共同目标的保障，也是实现班集体自我管理、自我约束的途径。班级制度是学校有关制度在班级的具体化，主要有班干部工作制度、班干部换届选举制度、主题班会制度、学习制度、卫生制度、班费使用制度、评选先进制度、奖学金评定制度、助学金评定制度等。事实表明，将涉及全班同学利益的事情，通过民主讨论后形成一定规范，以制度作为班级成员共同的行为准则，可以有效地促进班级同学从他律走向自律，达到自我教育的良好效果。

3. 发挥班干部带头作用

班干部是班级的核心，在建设良好班风中具有重要作用。一个真正愿意为同学服务的班干部群体既要愿意为同学们服务，又要有能力为同学们服务，还要具有一定的号召力与影响力，这就要求大力发扬民主，将那些学习成绩好、思想素质高、作风正派的同学选出来，担任班干部尤其是班长、团支部书记等职务。优秀的班集体大多是由优秀的班干部带出来的。

4. 发挥活动导向作用

学生活动是进行大学生思想政治教育的重要载体，班级活动是学生活动的主要形式，是培养学生思想政治素质尤其是培养集体主义精神的有效途径。普遍且有成效的班级活动方式有学习竞赛、文体竞赛、主题班会、社会调查、外出参观、班级形象设计大赛等。班集体应在确定活动主题、制订活动计划、采取活动形式等环节上下功夫，及时捕捉学生心理反应，切实解决学生思想和实际问题，广泛地团结同学、组织同学、教育同学，加强导向性，增强针对性，提高实效性。

5. 建立家校沟通渠道

高校辅导员要进一步认识高校与学生家庭联系沟通在帮助学生成才、促进学校发展和维护社会稳定中所发挥的积极作用。高校辅导员在家校沟通中起着桥梁作用，是家校沟通的协调者，既要及时、准确、合理地将学校各项工作、校纪校规、学生情况等消息发布给家长，又要仔细耐心地与家长沟通，了解学生家庭的真实情况，准确掌握学生的家庭背景、成长环境、地域习俗等信息，进一步提高思想政治教育工作的有效性。

五、抓好关键问题

高校辅导员平时与学生接触最为紧密，是高校学生事务管理工作的组织者、实施者，工作千头万绪，遇到的问题也是千奇百怪。只有抓住事物的本质，才能提高效率，做到事半功倍。高校辅导员在日常指导、教育、管理和服务育人的过程中遇到的问题大致可分为六种类型：思想引导类问题、学业促导类问题、事务指导类问题、突发疏导类问题、情感传导类问题和心理辅导类问题。通过对工作的梳理和分类，对应建构高校辅导员育人的思想引领系统、服务发展系统、制度支撑系统、应急处置系统、人际生态系统、身心协同系统，促进大学生健康成长成才。

遵循思想引导类问题的规律性，建构高校辅导员育人的思想引领系统。这类问题主要包括正确引导学生看待国内形势与国际比较、大学生文明行为规范、党建和思想政治教育工作、网络文明教育、民族学生教育、诚信教育、感恩教育、学生干部教育问题，以及"三观问题"等。思想引导类问题的规律表现为："问题在认知。"这类问题具有普遍性和现实性，每个学生或多或少会遇到，要想方设法让学生对此类问题有正确的认知，有了正确的认知才能产生原动力。"关键在释惑。"大学生正处于人生观、价值观、世界观日趋形成并稳定的阶段，在认识上很容易出现疑惑。因此，高校辅导员要通过多形式、多层次、全方位地沟通交流，及时发现问题，有效谈心谈话，化解学生心中的矛盾冲突，走出山重水复，找到柳暗花明。"重点在实效。"思想政治教育工作的重点在实效，苍白和空洞的说教是达不到效果的。高校辅导员要通过论坛、讲座、社会实践、辩论等有效的教育手段和载体，切实增强思想政治教育的针对性和亲和力。"成功在机制。"机制建设有助于学生成功化解或者避免遇到此类问题。因此，高校辅导员要建立长期有效的教育机制，如学风建设帮扶机制、民族学生关爱机制、学生干部培养机制等，促进学生的健康成长。

思想引领系统的建构要着眼于全方位、多角度、深层次，需要系统化。思想引领是统一思想、统一认识和统一目标的关键环节，与知、情、意、行有着紧密联系。思想引领的建构要从主体、客体、内容、形式、载体、方法和环境等多维度规划，形成主客体同一内容形式衔接、载体有效、方法环境适应的系统。例如，对学生进行美育教育，首先要让学生认识美与丑、思考如何化丑为美，以及让美变得更崇高等。

紧扣学业促导类问题的服务性，建构高校辅导员育人的服务发展系统。这类问题主要包含就业指导与职业生涯规划、创业教育、学业规划指导、课程选择、专业选择、生命教育等。学业促导类问题的规律表现为："问题在迷茫。"遇到这类问题的学生一般都出现了某种选择性迷茫，自身处于无奈、无助的状态。高校辅导员通过科学有效真诚的指导，帮助学生走出迷茫，找到方向。"关键在指导。"在这类问题中，高校辅导员不仅是一名忠实的倾听者，更是人生导师，全面、合理、有效的指导是学生最需要的。高校辅导员要有较为清晰的思路、全面的分析给予学生有效的帮助。"重点在方法。"高校辅导员要充分利用自己的方法和经验，帮助学生厘清思路，分析各种选择的利弊，有针对性地开展指导、引领工作。"成功在尊重。"在这类问题中，高校辅导员的作用应该是陪伴、参谋、鼓励，切勿喧宾夺主。高校辅导员切忌给学生下结论、拿主意、贴标签，应尽量让学生自己做出选择和决定。例如，为学生开展就业活动。可以组织毕业生展开简历制作竞赛，举办模拟招聘会，组织企业HR和政府就业主管部门专家举办专题就业指导讲座等系列活动，多途径、全方位地为学生就业送指导、送服务。

服务发展系统的建构要以学生的个体为中心，满足个性化需求。针对不同的项目提供精准的服务，同时各个项目之间要做到融合发展。例如，学生的职业规划需要从学生的个体出发，根据个体的性格、兴趣、专长，结合专业、学业、行业、产业做精准分析，提供适合学生发展的服务。

把握事务指导类问题的公平性，建构高校辅导员育人的制度支撑系统。这类问题主要包括奖惩助贷、评优评先、转学转专业、寝室建设、医疗及商业保险等内容。事务指导类问题的规律表现为："问题在规矩。"学生产生这类问题普遍的原因是制度不健全、流程不规范、操作不透明，或者是学生不了解学校的相关规章制度和办事流程。没有规矩，不成方圆。"关键在公平。"没有公平就没有正义。高校辅导员、班主任、相关教师及学生干部在开展日常事务管理服务过程中，按章办事、操作规范、透明公开是减少这类问题发生的关键。"重点在建设。"制度是事务管理服务的基本保障和基础。因此，建立完善的规章制度和让学生清楚地掌握规章制度是规避此类问题产生的重要途径。"成功在说理。"高校辅导员、班主任要客观公正地讲事实、摆道理，晓之以理，动之以情，让学生心服口服。

制度支撑系统的建构要求高校辅导员要全面掌握学校的规章制度，并结合自己的想法和实际情况，制定出具体的实施细则。束之高阁的制度是没有生命力的，高校辅导员的制度支撑力戒"高大上全"，力求管用。制度制定后要让学生知晓，避免高校辅导员唱独角戏。制度实施后要有纠错环节，不能有本本主义和教条主义。

聚焦突发疏导类问题的及时性，建构高校辅导员育人的应急处置系统。这类问题主要包括学生突发伤害事故、学生打架斗殴、自杀、误入传销、罢餐、离校出走、偷窃、精神异常、参加非法宗教组织、游行示威、网络煽动等。突发疏导类问题的规律表现为："问题在不确定性。"这类问题基本具有不可预测性，可以采取一定的手段预防发生，但很难完全避免。"关键在紧急性。"一旦发生这类问题，及时处置就很关键。一般情况下，相关人员必须第一时间到达现场，第一时间确保生命安全，第一时间启动应急预案。"重点在有备无患。"周全合理、行之有效的应急预案是学生工作的必备内容。因此，在日常工作中不仅要进一步健全突发事件预案，更要加强预案的演练工作。"成功在处置科学。"科学、规范处置此类案例，可以将困难或损失降到最低限度，减少负面影响。

应急处置系统的建构要覆盖事前、事中、事后。事前要建立预防和预警机制，事中要建立及时控制、果断处置的联动机制，事后要建立妥善处理机制。机制应包括应急指挥中心、信息搜集分析、应急医疗救助、舆情处置、后勤保障和心理干预等要素，这些机制中既要体现以学生为本的教育精神，又要寓思想政治教育于整个工作中。

增强情感传导类问题的关怀性，建构高校辅导员育人的人际生态系统。这类问题主要包括亲子关系、师生关系、室友关系、同学关系、大学恋情等。情感传导类问题的规律表现为："问题在情商。"学生中大部分人际关系紧张的主要原因是个人情商偏低。因此，在日常管理与沟通过程中，高校辅导员需要注重学生情商教育，不断提高学生情商。"关键在沟通。"沟通不够是引发各种情感矛盾的原因所在。高校辅导员要通过引导学生开展真诚细致的有效沟通，化解当事人之间的隔阂、矛盾、误解，让有关各方重归和谐。"重点在技巧。"大学生处理人际关系还不够成熟，尤其是缺乏必要的沟通技巧，导致处理手段比较生硬。许多学生在与人交往中，不能恰当表达自己的情感，特别是受互联网影响，很多学生陷入孤独的境地。因此，在平常的日常管理中，高校辅导员要加强学生人际交往技巧的培养，促使学生养成开放包容的心态。"成功在积累。"高校辅导员通过在日常校园生活中引导广大学生建立温暖的班集体或寝室集体，教会学生基本的交际技能，启发学生化解交往中的矛盾等，将大量工作做在平时，渗透在点滴。

人际生态系统的建构包括自我的身心和谐、与他人的相处和谐、与社会的融洽和谐、与自然的天人合一。自我身心和谐的途径与方法有：树立正确的三观，为身心健康提供科学的"定位系统"和人生导向；经常自我暗示；多参加集体活动，增进人际交往等。与他人的相处和谐，要遵循平等、诚信、宽容、互助的原则，正确认识和处理竞争与合作的关系。与社会的融洽和谐，要正确认识个体性与社会性的统一关系，正确认识个人需要与社会需要的统一关系，正确认识个人利益与社会利益的统一关系，正确认识享受个人权利、自由与承担社会责任、义务的统一关系。与自然的天人合一，要正确认识人与自然的依存关系，人来源于自然界又依存于自然界，没有自然界就没有人本身。

注重心理辅导类问题的疏导性，建构高校辅导员育人的身心协同系统。这类问题主要包含大学环境适应、考试焦虑、就业压力、网瘾、强迫症、抑郁等情况。心理辅导类问题的规律表现为："问题在情绪控制。"导致学生产生这类问题的原因在于自负或缺乏自信、志向愿望过高或偏低、责任目标缺失等。"关键在介入。"高校辅导员是学生的良师益友，高校辅导员第一时间的有效介入、引导学生，往往会有良好的效果。"重点在疏导。"高校辅导员要掌握科学的思维方法，运用专业知识，对学生进行正确的心理疏导，在同情理解学生情绪的同时，帮助他们走出困境，重拾信心。"成功在关爱。"通过建立不同层面的关心关爱协同机制，营造良好的育人环境，关注学生个体面临的心理矛盾和冲突，问题基本可控或解决。

身心协同系统的建构既包括个体的身心和谐又包括群体的身心和谐。良好的人际关系给人以安全感、归属感和幸福感，不良人际关系给人以压抑感、紧张感、孤独感、寂寞感和恐惧感。大学生常见的情绪困扰有焦虑、抑郁、恐惧和易怒。自我暗示、合理的宣泄、转移关注点和视角升华是积极进行心理调节的有效方法和途径。保持高度的自信心、乐于助人、尊重弱者、面对生活的重压能挺住、有目标和追求是促使身心和谐的关键要素。[1]

---

[1] 吴本荣.高校辅导员能力素质提升指南[M].南昌：江西高校出版社，2019.

第三章 高校辅导员职业发展的动力特征

第一节 高校辅导员职业发展动力机制

一、高校辅导员职业发展动力系统的提出

根据心理学的定义,所谓工作动力是指在组织环境中受到各种内在或外在因素的刺激而引发的一种与工作相关的积极的内在驱动力,是一种被激发的心理状态,反映了对目前和未来良好工作结果的向往程度,表现为愿意并且付出更多精力以便更好地完成工作。由此笔者认为,高校辅导员的工作动力是一种促使高校辅导员不断进步、激励其工作行为持久并达到预定工作目标的各种作用力的合力。它不直接介入工作,而是转化为相应的动力,提高高校辅导员工作的积极性,激发其工作潜能,调节工作活动的进行。从工作动力的形成要素和表现形态看,高校辅导员的工作动力系统主要由三种不同水平、不同功能并呈阶梯状态的子系统构成。

二、高校辅导员职业发展动力系统的构成

高校辅导员成长的动力系统分为前沿动力系统、中间动力系统和深层动力系统。

(一)前沿动力系统。

前沿动力系统是一种直接作用于高校辅导员的工作行为并始终伴随其工作行为的力量系统。前沿动力系统主要包括工作动机和工作情感等要素。

(1)工作动机。工作动机是指高校辅导员工作过程中的一项重要心理因素,

它是由工作需要引起并指向一定工作目标的一种心理倾向和态度，是激发并维持高校辅导员工作行为的发动性因素。高校辅导员的工作动机在很大程度上对激活和强化高校辅导员的工作行为，保证工作行为和活动的有效性、持久性起着重要的作用。高校辅导员的工作动机主要体现为维持生活和情感稳定的安全动机、期望获得权力和受到他人尊重的地位动机、期望融入社会得到他人认同的亲和动机、发掘个人潜力实现自我价值的成就动机等。

（2）工作情感。工作情感是高校辅导员对工作目标是否符合自己的工作需要而产生的态度体验。心理学认为，人的情感与认识过程是紧密联系的。任何认识活动，都伴随着一定的情感，都是在情感的动力影响下进行的。列宁认为："没有人的感情，就从来没有也不可能有对真理的追求。"从高校辅导员角度来看，情感投入是做好学生思想政治工作的强大的精神动力。高校辅导员如果对教师职业、学生和学生工作没有深厚的感情，在具体工作中就不可能有做好工作的强烈愿望，就不会产生为之奋斗的需求和动力。可见，情感因素是高校辅导员工作动力系统的重要组成部分。工作动机和工作情感相辅相成，共同推动着高校辅导员工作行为的产生与发展。

（二）中间动力系统

这是一种能迅速引起和增强前沿动力系统的力量系统。在前沿动力系统中，高校辅导员的工作动机和工作情感都是在中间动力系统的基础上形成发展的，它是高校辅导员工作动力的源泉和中介。中间动力系统主要由工作需要和诱因等因素组成。

（1）工作需要

它是高校辅导员对现实状况感到某种缺失而力求通过工作获得满足的一种心理状态，它多由心理上产生的不平衡所引起。高校辅导员大多直接来自高校应届毕业生，他们一般收入水平较低，社会地位不高，竞争加剧，在以教学科研为中心的高校中处于被轻视、被忽略的尴尬地位，生存状况和社会地位的巨大差异容易导致高校辅导员心理失衡，不公平感强烈。为了改变现实的不如意状况，实现自己的个人理想与自身价值，高校辅导员都对工作产生了客观内在需要，这就形成了高校辅导员努力工作的原动力。

（2）诱因

指的是可以引发或满足高校辅导员某种需要程度的种种条件和因素。如荣誉、权力、晋升机会、福利待遇、激励机制等能够激发高校辅导员工作动力的外部因素。由于各种刺激，高校辅导员在工作的过程中可能产生强烈的心理失衡，形成努力工作的内在驱动力。这时通过适当地提高福利待遇、提供晋升机会和发展空间、对高校辅导员进行适当地授权以及一系列的激励竞争机制，就可以使高校辅导员重新恢复心理上的平衡状态，减轻或消除驱动力的影响。相反，诱因使用不当也有可能成为阻碍或遏制高校辅导员工作动力的根源。

（三）深层动力系统

这是一种通过调控中间动力系统达到催化前沿动力系统的力量系统。它在高校辅导员的工作动力系统中起着核心的作用，主要包括自我效能感、理想信念、价值观等因素。

（1）自我效能感。作为对学生工作及其自身工作能力的主观判断和感受，高校辅导员自我效能感是高校辅导员对自身工作能力与对学生影响力的一种内在自我信念，是高校辅导员激发和调动自身工作潜能的最具影响力的主导，对高校辅导员工作动机的产生及其强度发挥着核心的作用，直接影响着高校辅导员的工作积极性和努力程度。高校辅导员自我效能感的差异会导致高校辅导员产生不同的工作动机，并由此产生不同的工作需要和工作期望，高校辅导员工作的积极性、投入与努力程度也随之各异，同时伴之以不同的工作情绪和情感体验，以及动机倾向性的差异。自我效能感强的高校辅导员对学生工作抱有积极的看法，同时也认为自己具有较强的工作能力和影响力，认为自身的工作能力在学生工作中能够得到不断的发展，因而往往产生的是促进性的、适应性的工作动机，倾向于为自己设定和选择富有挑战性的任务和目标，并积极努力地使自己的行为和活动朝向这些目标。而自我效能感较弱的高校辅导员则常常怀疑自己的能力，对自己的工作能力和影响力缺乏自信，同时不相信这种能力是经过努力可以改变和提高的，因而更容易产生阻碍性的工作动机，不大愿意选择进取性的目标，缺乏工作积极性和主动性，在困难面前信心不足、无能为力，甚至往往夸大或回避困难，并容易产生恶性循环。因此，高校辅导员自我效能感作为一种内在的自我信念，是高校辅导员工作行为和从事学生工作的深层的内在动机，也是高校辅导员产生并增强自主工作动机的基础和原动力，其一旦形成就会直接影响高校辅导员的工作积极性、自我期望和行为。

（2）理想信念。理想信念是人生的航标。实践证明，正确的理想信念是一种强大的精神力量，它对于激发高校辅导员工作的主动性、创造性，鼓舞斗志，振奋精神，具有巨大的能动作用。当高校辅导员对党的教育事业和自身从事的学生工作怀有崇高的理想和无比坚定的信念，就会迸发出无穷的力量，矢志不渝，终生追求，成为高校辅导员不断前进的动力源泉和精神支柱。

（3）价值观。工作价值观是高校辅导员根据自身的内在需求，对从事学生工作的过程和结果，具有动力作用的信念系统。有关价值观的研究表明，价值观是高校辅导员工作动力系统模型中最深层也最稳定的结构,是高校辅导员工作动力系统中的最高境界,是激发高校辅导员工作积极性的最直接因素。高校辅导员入职时的工作价值观对其未来的工作绩效和工作满意度都有很强的预测作用。高校辅导员的价值取向如何,是看重高收入、地位、声望、发展空间所带来的外在激励,还是更关注帮助他人、自我实现、成就感、挑战性等由工作本身所带给人的内在激励和心理上的满足感,对高校辅导员工作动力的产生和形成具有深远的影响。

高校辅导员成长动力系统的三种构成动力之间相互联系、相互作用,不可分割,有机协同,每种动力都在推动高校辅导员成长过程中起着不可或缺的作用。

首先,高校辅导员成长的内在原生力源于高校辅导员本身,是一种内在的成长性动力。具体来说,这种动力是高校辅导员成长发展的基础性动力,决定了其他两种动力能否存在和有效发生作用。如果没有这种动力载体,高校辅导员成长驱动机制就不可能持久有效,高校辅导员成长发展的需求就没有主动性和积极性。更好地发掘激活内在原生力是实现高校辅导员成长发展的长足动力和根本保障。

其次,高校辅导员成长的外部压迫力是加快高校辅导员成长发展的推进器。高校辅导员成长的过程是一个各种外在压力输入与自身不间断回应的过程。现实生活中,高校辅导员的成长不仅是一种素质能力的提升,更是一种满足利益诉求、实现自我价值的过程,伴随着各种责任、权力和利益的再分配。由于制度设计和岗位历史的惯性,仅靠自身内在的原生性动力不足以推动高校辅导员保持长效的成长动力,必须依赖于外在各种压力的推动和作用,促使高校辅导员时刻保持成长的警惕和充足动力。因此,正确认识和归纳高校辅导员成长的外在压迫力是推动高校辅导员成长的现实依据和直接动力。

最后,高校辅导员主体感召力是基于党员自身属性的一种基础性动力,通过党员责任感、使命感的感召,高校辅导员工作的积极性不断提升,这既为内在原生力注入了充足的动力,又产生了日益增长的服务热情与服务能力供给不足之间的矛盾。这种矛盾的存在和发展,迫使各级高校辅导员不断完善和提高自身素质与能力,拓展自身服务的空间,由此就产生了对自身成长发展的巨大推动力。主体感召力更是一种导向性的动力,指引着高校辅导员成长的方向和发展的意义。可以说,没有这种使命感、责任感的感召和牵引,就不可能实现高校辅导员的长效成长和不断进步,更无法估计成长成熟后的高校辅导员的作用方向。因此,培育和激发主体感召力是实现高校辅导员成长发展的内在逻辑要求,也是推动高校辅导员成长发展的关键性工作。

每个高校辅导员的成长和发展都需要通过动力系统的内外作用,高校辅导员成长动力系统不仅客观存在,而且可以被辨识。在高校辅导员成长过程中,我们需要在特定环境下因时就势地发掘和激活这些动力，并加以引导和规范，为这些动力的充分发挥提供一个合理有效的制度化空间。高校辅导员成长动力的作用发挥，必须借助一些客观实在的任务载体，以便更有效地发掘、引导、增强动力，这就是实践论的主旨——"在实践中成长"。高校辅导员通过实践锻炼将三组动力有机协调，构成一个长足有效的成长发展系统，任何外部压迫力和主体感召力都必须通过高校辅导员成长发展的内在原生力起作用。主体感召力与内在原生力两者构成一对相互促进的有机体，感召力越强，越能激发内在原生力；反之，内在原生力越强，主体感召力感知越深。主体感召力对外部压迫力起着正向引导的作用，主体感召力越强，主体对外部压迫力的感知越深刻、反应越敏锐，希望通过成长发展缓解外部施予的压力、提高自身应对能力的诉求越强烈。

第二节　高校辅导员职业发展动力特征

一、高校辅导员职业发展的外在动力

（一）被尊重赋予其存在价值

长期以来，高校辅导员作为高校教师团队的重要组成部分，却被外界深深地误解。在外界看来，高校辅导员缺乏专业能力素质，每天的工作就是整理资料，接受上级的命令后传达给学生，在高校和班级之间充当传话筒的作用。多数人认为，得不到尊重与重视的职业不值得每天为之奋斗，这是许多高校辅导员转业的原因。

要想留住优秀的高校辅导员，发展更优秀的高校辅导员，高校首先应该做的就是认同高校辅导员的价值，要让位于高校辅导员岗位上的工作者清楚地感觉到高校对高校辅导员的重视。高校在筛选高校辅导员入职时要设置一定的门槛，注重人才的选拔，若门槛过低便会导致他们产生没有任何价值的错觉，这样一来，优秀的高校辅导员便会产生巨大的心理落差，这对整个高校辅导员群体不甚公平。高校要对高校辅导员的工作表示足够的关注与支持。对于新入职的高校辅导员，高校相关部门要认真地做好培训工作，不只是办公技能技巧的培训，更重要的是要让新入职的高校辅导员意识到自己的价值所在。高校辅导员不只是学生与高校之间的桥梁，更是学生思想工作的开导者，是学生进入社会的引路人，肩负着重要的使命。当高校辅导员一开始就意识到所在职位的价值，他们就能更好地规划其职业生涯。再者，高校在各种会议上也不能忽略高校辅导员的存在，除了日常的工作会议要考虑到高校辅导员之外，各种表彰大会也不可忘记对高校辅导员工

作的肯定与支持。良好的工作环境赋予其归属感。要想高校辅导员有更长久的发展，他们所在职业是否具有安全感十分重要。安全感是人能否长久地选择一份工作的重要因素之一。若是高校辅导员认同这份工作，并对其产生归属感，将高校看作自己值得托付满腔热血并为之奋斗的地方，那么高校辅导员的工作热情就会随之增加。

　　要提升高校辅导员对高校的安全感与归属感，高校应该真正地站在高校辅导员的角度看待问题。如何让一个人拥有安全感与归属感，人们首先想到的就是所处的环境能够令人放下戒备。高校辅导员的绝大部分工作时间都处于办公室中，若是办公室的气氛令人压抑窒息，高校辅导员又如何拥有安全感？作为心理契约的雇主方，高校理应考虑到高校辅导员的心理状况，为高校辅导员营造良好的工作环境。工作环境应包括办公室条件及整个高校辅导员团队所具有的整体氛围。办公室条件要充分考虑到空间设计是否人性化，是否能够满足高校辅导员的日常工作与生活需要，毕竟方便舒适的工作环境才是每一位从业人员的要求。高校若是做到这一点，无异于表明对高校辅导员的关心，高校辅导员自然也能够更加努力工作。除了办公室条件，更重要的是整个高校辅导员团队的整体氛围。只要是社会人，都离不开集体生活，但集体生活各有千秋。至于工作态度与效率，身处团结合作的集体之中自然远远高于身处离心离德的团队。因此，为高校辅导员打造适宜的工作氛围无疑是高校管理高校辅导员团队的重中之重，高校应当深刻地理解这一要素并采取相应的措施。一方面，要强调高校辅导员之间相互合作的重要性，避免将高校辅导员之间的关系定义为强势竞争关系。高校的态度很大程度地影响着整个高校辅导员团体的氛围，因此，要注意恰当地引导。另一方面，高校要为高校辅导员创造团体感情发展的机会。一个团队要想团结，首先要做到成员之间互相信任，而信任要通过各种各样的接触才能产生。高校应主动为高校辅导员创造合作的机会，增加高校辅导员间的情感交流，如在举办运动会时设置专属高校辅导员参加的板块，举办各种活动时动员高校辅导员团队出节目，无疑都是团队之间增加感情值的方法。

（二）高校提供的晋升发展机会赋予其未来憧憬

　　高校辅导员所接触的都是热情洋溢、渴望进取的大学生，所处的又是知识集中的地方，自身必定是有所追求的。高校辅导员作为学生寻求帮助的选择对象，若是没有新知识的输入，很难跟上时代的进步，也难以对学生进行有效的引导。高校要深刻地认识到高校辅导员长远发展的必要性及重要性，多为高校辅导员提供发展的机会。从原则上讲，高校辅导员长期工作后有三种选择途径：一是继续留在一线做高校辅导员，为学生排忧解难；二是转向行政管理工作，换一种方式守护学生；三是转为专业技术型人才，如思想政治理论课教师、形势政策课教师等。这三种途径都对相关技能有所要求，需要高校的大力支持。首先，在思想理论素养上，高校要为高校辅导员提供相关的学习途径，组织高校辅导员进行理论学习活动，鼓励高校辅导员多学习、多思考。其次，在思维和视野上，高校也要为高校辅导员提供相应的条件，任课教师可以出校学习外校的优秀教学方式，高校辅导员也可走出校门观摩其他高校对学生的管理方式。最后，在专业素养的提升上，心理学、管理学都是高校辅导员应当掌握的专业知识。高校辅导员在岗位任职一段时间后难免会根据自己的经验办事，曾经所学的心理学、管理学早就被抛之脑后。针对这一现象，高校要及时、定期组织高校辅导员进行专业知识技能的学习与提升，主动帮助高校辅导员不断地重温专业知识，弥补高校辅导员只凭借经验处理工作的不足。

二、高校辅导员职业发展的内在动力

（一）基于自我认知建构职业认同

高校辅导员在外界看来是一个非常尴尬的存在。高校辅导员要想有更好的职业发展，在于其是否能够真正打破世俗的眼光与偏见，对高校辅导员这个职业有个客观的自我认可。世界上没有十全十美的职业，如果高校辅导员也认为自己是一个杂工，那他的职业发展必定会受到阻塞。自己都不认可自己，甚至怀疑自己的价值所在，自然无法投入工作中。心理契约要求雇员正确认识自己的工作及责任。相信高校是不会愿意花费高校辅导员的薪水去聘请一个杂工的，他们所需要的是一个真真正正将全身心投入高校辅导员岗位的人。身为高校辅导员，就要站在高校辅导员的角度看待自己，明确自己应了解学生情况、肩负学生思想教育的责任，只有自己认可自己、自己承认自己的重要性，才能在工作岗位上更加努力地工作，也只有这样才能做一个称职的高校辅导员。

（二）基于责任认知实现工作追求

高校辅导员最大的责任就在于了解学生在校的心理状况及生活问题，但是随着信息时代的快速发展、各种线上沟通方式的盛行，大多数高校存在的状况便是一个学期下来学生只在开学首日教育时见过高校辅导员一面，学生心中的高校辅导员形象便只停留于聊天软件的头像。聊天软件在给人们带来方便的同时也拉远了人们的距离，尤其是对于学生与高校辅导员这种需要经常沟通的关系。从前信息不似现在发达之时，重要消息的传达需面对面进行，那时候高校辅导员对班上的情况或许了解一二，可换到现在，很多高校辅导员只知道班上大概有哪些学生，却无法将姓名与面孔对应起来。连学生都不认识，又从何辅导学生。由此可见，高校辅导员应该意识到与学生当面沟通的重要性，不可一味地以第三方作为媒介传达所谓的高校辅导员对学生的关心。作为一名优秀的高校辅导员，要深入学生的生活、走入学生的内心，以了解他们的状况，从而提出解决的方法。走入学生日常生活，不是与学生在首日教育打个照面就能走进他们的内心、不是微信上发个通知就能深入他们内心，而是实实在在地与他们接触。每个学期与班上的每位学生面谈了解情况，这是大多数高校辅导员在开学时为自己定下的目标。然而真正能够做到这一点的高校辅导员并不多，他们借着工作太忙称没时间找学生谈话，忽略了高校辅导员真正的工作。其实要想了解学生很简单，到学生宿舍与学生谈话，与学生交流，很快就能了解到学生的大概情况。再者可以通过宿舍阿姨了解学生出入宿舍的情况，提醒学生注意安全。不管是严格的高校辅导员还是仁慈的高校辅导员，有人情味才能得到学生的认可。学生参加运动会时，高校辅导员到场为学生加油无疑是对学生最好的鼓励。学生参加各式各样的活动，如晚会上表演节目演讲比赛、高校组织献血时，高校辅导员是否到场对师生关系有很大的影响。高校辅导员应该认真扮演好自己的角色，从点滴小事做好对学生的关心工作，为深入了解学生做好铺垫。

高校辅导员是班级的灵魂，一个班级的气氛与高校辅导员关系极大，一个班级是否团结也与高校辅导员脱不开关系。高校自由的学术环境使得高校辅导员不可能天天跟在学生后面关心学生，但是学生之间却可以互相帮助。因此，高校辅导员应该做的便是提升班级的团结度，让学生将班级看作自己在异乡的另一个家。这样的结果是，一方面，学生在校期间互相帮助不至于孤立无援，不至于思乡情结过于浓重；另一方面，也能为学生短暂的大学生涯留下美好的记忆。要想班级团结，高校辅导员要强调团结的重要性，鼓励学生互相帮助。同时学生因为选课的原因相处的机会较少，高校辅导员应主动为学生创造相处的机会。

（三）基于事业追求提升自我素养

高校辅导员在学生心中的形象除了是一个生活上的导师之外，还可以是学习的榜样。要想成为别人的榜样并非易事，尤其是成为一个班级学生的榜样。成为班级学生的榜样，高校辅导员除了有优秀的自我道德修养之外，还要具有人格魅力。人格魅力的体现需要通过不断地提升自己，增强自己的业务能力。道德品质方面，要学会自我反省。高校辅导员面对的是未进入社会的学生，高校辅导员应该注意自己的言行举止是否会给学生带来不良的影响。毕竟人无完人，高校辅导员也有可能不经意间会将不良情绪带入工作之中，因此，高校辅导员要注意自己是否给学生传递了消极情绪。个人能力上，高校辅导员要注重提升自己，要有足够的能力与底气面对这份工作。学生的知识储备是足够的，大多数学生在大学的学习也是相当刻苦的。我们知道，当知识储备相差太大时，人与人之间的交流便会出现隔阂。如果高校辅导员不注意提升自己的知识储备，工作期间再消耗一些以前所储备的记忆，知识储备就会减少，此时学生心中的高校辅导员便真的成为生活管理员了。当然，提升自己不是为了和学生有话可聊，而是为了完善自己，是为了成为更好的自己。高校辅导员带领着一个或多个班级，成为更好的自己的同时，也能激励学生努力学习，增长自己的见识。再者，作为高校辅导员，是否能够跟上时代的潮流也很重要。学生是紧跟时代潮流的一分子，可是毕业工作后，大多数人都处于朝九晚五的生活，很难再对所谓的潮流产生共鸣。但与学生相处的高校辅导员不一样，他们紧跟时代的潮流，了解学生所热衷的事物，有利于个人见识的增长，更有助于高校辅导员工作的开展。当然，除了关注学生所关注的潮流之外，还应多关注时事消息，关心最新的学习文件，关注一系列高校组织的高校辅导员精品活动，关注高校的发展动态，关注校级、市级、国家级的高校辅导员科研项目。从心理契约角度看，高校辅导员提升自己不仅是对自己负责，也是对高校负责、对学生负责。

第三节 高校辅导员职业发展动力反思

从宏观层面来说，促进高校辅导员职业发展包括两大路径：一是发掘和培育高校辅导员职业发展的基本动力；二是建立健全推动高校辅导员成长发展的各种制度和机制。

这两大路径相互联系、相互作用，共同组成了高校辅导员职业发展的宏观路径体系：前者是推动高校辅导员成长发展的基础和前提，后者是推动高校辅导员成长发展的基本手段和重要保障。在实际推动过程中，有效的制度和机制在一定程度上能激发和保护高校辅导员成长发展的各种动力。根据高校辅导员成长发展的逻辑过程，笔者把高校辅导员成长发展的基本动力定义为：高校辅导员在自身属性和自我成长需求的内在驱动下，根据外部环境和要求的变化，不断推动自身成长发展的积极性和主动性，以及在此基础上采取的相关行动。

高校辅导员成长是一个复杂的系统化工程，不是依靠某种单一动力的推动就能完成的，而是各种动力相互作用，有机构成一个动力系统，共同推动的结果。因此，我们在分析高校辅导员成长动力的时候，必须坚持系统化的分析方法，从宏观上准确认识和把握高校辅导员成长动力的具体构成，以及不同构成部分之间的逻辑联系。笔者根据高校辅导员成长动力的不同来源，将其分为三类：高校辅导员成长的内在原生力、高校辅导员成长的外部压迫力和高校辅导员成长的主体感召力。所谓高校辅导员成长的内在原生力，就是指高校辅导员在自身属性和内在自我成长需求的基础上，为顺利实现自身成长成熟而产生的推动自我发展的自觉性和主动性；高校辅导员成长的外部压迫力是指高校辅导员面对自身所处的环境压力不断提升的外部要求及自身状况的深刻变化，为了不断提高自身素质和能力，巩固自我角色定位，而不断推动自我成长的积极性和坚定性；高校辅导员成长的主体感召力是指由党员主体地位的确立及其责任感和使命感等积极作用的有效发挥所产生的对高校辅导员成长的推动力。

应该看到，高校辅导员工作动力系统不是一个孤立、静止的系统，而是一个开放的动态变化的系统。工作动力一旦产生，并非一劳永逸，仍需要不断巩固和强化。这就需要建立和不断完善高校辅导员工作动力系统，形成激发高校辅导员工作动力系统的长效机制。高校辅导员工作动力系统的构建，要充分考虑高校辅导员工作的特殊性和思想政治教育工作的复杂性、艰巨性，从政策、体制、机制、制度等多方面予以保障。

首先，健全体制是构建高校辅导员工作动力系统的前提。教育行政部门和高校要进一步深化对高校辅导员工作重要性的认识，改变长期以来形成的"学生工作可有可无"的思想和"高校辅导员是消防队"的观念，建立高校党政"一把手"领导责任制，党委书记是第一责任人。高校党委要统一规划高校辅导员队伍建设，对学校的高校辅导员实行统一领导和管理，定期召开党政专题会议，分析、研究、部署高校辅导员队伍建设工作。把学生管理工作和教育科研工作放在同等重要的位置，要像重视业务学术骨干培养一样重视高校辅导员的培养、选拔和使用，使他们干事业有平台、发展有空间、培训有计划、工作有保障，营造一个人人重视、方方面面关心高校辅导员成长进步的良好社会氛围，增强高校辅导员做好工作的荣誉感和自豪感。

其次，坚定信念是构建高校辅导员工作动力系统的关键。理想信念是人们奋斗的目标，更是不断激励高校辅导员前进的精神动力，决定着高校辅导员的精神状态和前进方向。要通过开展爱国主义教育和理想信念教育，从建设中国特色社会主义的现实出发，真正解决高校辅导员思想的深层问题，结合开展社会实践活动，引导高校辅导员树立正确的世界观、人生观、价值观，爱岗敬业，乐于奉献，牢固树立为社会主义教育事业和学生工作奋斗终生的理想信念，培育高校辅导员对教师职业和学生工作的情感，增强高校辅导员工作的内在动力。

再次，完善制度是构建高校辅导员工作动力系统的基础。高校要将高校辅导员的岗位津贴等纳入学校内部分配体系，确保高校辅导员的实际收入不低于学校专职教师的平均收入水平。要根据高校辅导员工作特点，在办公条件、交通补助、通信经费等方面制定相关政策，为高校辅导员的工作和生活提供必要保障。要设立高校辅导员工作研究专项基金，用于支持开展高校辅导员工作方面的科学研究，鼓励、支持高校辅导员结合大学生思想政治教育工作实践和思想政治教育学科的发展开展研究，承担对学生思想道德修养与法律基础、形势政策教育、心理健康教育、就业指导等相关课程的教学工作。通过制度建设，让高校辅导员感到事业有盼头、工作有劲头，真正打牢高校辅导员工作动力的基础。

最后，健全机制是构建高校辅导员工作动力系统的重点。其一，要运用人力资源管理的"能岗匹配"原则和生涯规划管理理论，建立对高校辅导员的选配机制。要根据学校长远规划和思想政治工作的发展规划制定高校辅导员的总体人数和群体结构，从源头把关，严格按照政治强、业务精、纪律严、作风正、综合素质优良的要求，选拔真心热爱高校辅导员工作并具备较强的思想教育能力、组织管理能力、沟通合作能力、调查研究能力，以及语言表达和文字表达能力的具有较高学历的毕业生，使其从职业生涯开始便因具有良好的思想基础和较强的能力而产生自我效能感；其二，要建立科学的培养发展机制。要依托高校辅导员基地建设把高校辅导员的岗前培训和业务培训相结合，专题培训与经常性培训相结合，鼓励和支持高校辅导员骨干在职或脱产继续深造和进行业务进修，鼓励高校辅导员开展专业研究，促使高校辅导员向专业化、职业化方向发展；其三，开辟双重职业生涯的晋升途径，建立高校辅导员的激励机制。高校辅导员队伍作为一个年轻人居多的群体，其事业成功的需求较为强烈。高校要充分理解高校辅导员内心的需求，要为他们的发展提供条件。高校辅导员队伍建设可以借鉴人力资源管理的双重职业生涯的晋升阶梯模式。也就是对工作优秀的、适合担任领导干部的，应按照"公开招聘、平等竞争、择优聘任"的原则进行提拔和任用，从而达到培养与使用并重；对不适合担任领导职务的，要通过建立单独的高校辅导员职称评定标准，按照助教、讲师、副教授、教授或助理研究员、副研究员、研究员的梯级顺序进行培养，使得这一部分人走上专业化、职业化的道路，让他们看到自己的职业发展机会，使他们在工作中获得成就感。

我们只有认真分析和研究高校辅导员成长发展的基本动力，建立长期有效的驱动机制，强化不同过程环节中的针对性和选择性，灵活运用各种手段激发原生力、调动感召力、增强压迫力，不断凝聚壮大成长动力，警惕泛制度化的趋势，做到发掘培育动力与构建制度机制并重，才能推动高校辅导员长效有序的健康发展，促进高校辅导员更快地成长成熟。[1]

---

[1] 李海波.高校辅导员职业发展的动力机制研究[M].哈尔滨：哈尔滨出版社，2022.

第四章 高校辅导员专业发展标准

第一节 高校辅导员专业发展标准

一、高校辅导员专业发展标准

高校辅导员专业发展标准是高校辅导员专业地位确立的主要标志,高校辅导员的学科属性相对较低,如果没有相应的专业发展标准,高校辅导员队伍的整体专业水平将难以提高。教育部高度重视高校辅导员队伍建设,尤其是在专业化、职业化方面下大力气开展建设,并取得了丰硕成果。以职业能力大赛为例,各地各高校积极参加,通过校赛、省赛、地区赛和全国总决赛,以赛代练,以赛促练,高校辅导员队伍整体的专业属性不断加强。高校辅导员队伍的标准化、制度化和规范化已经成为高校辅导员队伍建设未来十年的关键词。但是高校辅导员专业标准不应只是理论构想,也不应是框架和原则,而应该形成符合实际的适合我国高校辅导员专业发展的标准体系。

(一) 高校辅导员专业发展标准的理念

高校辅导员作为大学生的知心朋友和人生导师的角色表明,高校辅导员应备有一定的专业内涵和专业素养。大学生更倾向于高校辅导员成为他们的领路人和知心朋友,这也与党和国家赋予高校辅导员肩负立德树人的重要使命相符合。

1. 树立专业育人理念

高校辅导员专业发展的实质是高校辅导员不断提升对教育价值的认识过程,高校辅导员在日常的管理、服务和教育中是否把自己上升到教育者的身份和高度,是否具有专业育人的理念,这是实现高校辅导员专业化建设的关键因素。

2. 树立科研育人理念

高校辅导员从事科学研究是专业发展的动力源泉。研究型的高校辅导员不一定都把育人工作做好，但是没有科学研究能力，一定很难做好育人工作。研究学生、研究问题、研究大学生成长成才规律，对促进大学生成长成才和高校辅导员个人发展及专业成长均有明显作用。

3. 树立科学育人理念

不可否认，思想政治教育是一门科学。高校辅导员从事的育人工作是在高校辅导员具体教育实践活动相结合的基础上展开的。高校辅导员应摆脱目前主要以经验型为主的简单重复性较高的活动，而转变为以科学理论为指导思想的教育实践活动。

上述理念有助于把高校辅导员日常的教育实践活动与其自身专业化融为一体，带着研究的意识从事育人实践活动，不仅可以创造性地开展育人实践，还能够提升高校辅导员个人专业素养，激发高校辅导员内需，提升专业成长品质。

（二）高校辅导员专业发展标准的内容

高校辅导员专业发展标准的内容包括以促进高校辅导员专业发展为主要目标的系列标准，后续主要从高校辅导员校本培训标准和专家型高校辅导员标准进行分析。

（三）高校辅导员专业发展标准的意义

1. 有助于提升高校辅导员专业地位

高校辅导员专业发展标准的构建对高校辅导员专业人员的地位和身份具有重要意义。专业发展标准的目的就是实现高校辅导员队伍专业化、职业化和专家化建设的目标，专业发展标准的研制对高校辅导员专业化的促进作用是显而易见的，它为高校辅导员专业发展指明了方向。

2. 有助于建立高校辅导员学术共同体

专业标准是从专业的视角审视高校辅导员的人员素质、工作岗位的职责要求及职业发展的阶段所应具备的素质和要求。从一定程度上构建了高校辅导员学术研究的基础和平台，对建立高校辅导员学术共同体具有促进作用。

3. 有助于促进高校辅导员专业成长

建立系统的知识体系和独立的专业领域是高校辅导员专业发展标准建设的目标。专业发展标准可以在高校辅导员的角色认同、阶梯成长、可持续发展等方面发挥提升和促进的作用。有利于不同学科背景的高校辅导员迅速成长为成熟型高校辅导员。

二、高校辅导员校本培训标准

（一）高校辅导员校本培训的重要性

顾名思义，校本培训可理解为基于学校、为学校的发展而做的一种培训。这种校本培训自20世纪80年代末以来，逐渐成为世界范围内教师专业发展的主要途径。学校的历史、发展定位和目标、地域等都有差异性和多样性，各高校大学生同样存在差异性，高校辅导员只有了解学校的办学定位和人才培养目标，掌握在校大学生思想行为特点，开展日常思想政治教育工作才会具有针对性。因此，开展高校辅导员的校本培训十分必要，对学校和高校辅导员的发展意义重大。

1. 将理论与实践相结合

校本培训解决了理论和实践长期脱节的难题，可以帮助高校辅导员有效地利用理论，并将理论运用于实践。校本培训对培养高校辅导员问题意识具有重要的促进作用，校本培训还可以有助于高校辅导员内化理论，促进高校辅导员在育人实践中运用。

2. 校本培训激发高校辅导员自我反思

大学生在成长过程中会遇到各种各样的问题，这和大学生家庭背景、教育背景、所处社会环境密切相关，很多大学生在青少年成长中遇到的问题，到了大学阶段才逐渐暴露。每个高校辅导员日常辅导的案例为更多的高校辅导员研究提供了教学资源，原先高校辅导员都是被动地利用教育资源，校本培训为高校辅导员提供了交换教学资源的平台，高校辅导员通过分享身边的典型案例使其他高校辅导员获得宝贵的经验。校本培训是高校辅导员有效进行反思的途径，校本培训利用行动研究为高校辅导员提供了自我反思的平台。

3. 校本培训促进高校辅导员队伍专业化

校本培训可以将学校发展规划与高校辅导员专业发展有效地结合，能有效促进高校辅导员专业化水平的提升。这是由于校本培训本身就建立在高校辅导员专业发展的自主性、持续性和层次性需要的基础上。

4. 校本培训可以营造和谐校园文化

校园文化是高校辅导员开展大学生思想政治教育活动的重要资源，而校本培训可以促进和谐校园文化的形成，校本培训实质是本土化的一种，本身属于校园文化的一部分。良好的校园文化可以起到潜移默化的作用，有助于形成和谐共享的文化氛围。

（二）高校辅导员校本培训标准的内容和方式

在认识高校辅导员校本培训的基础上构建校本培训的标准。校本培训的标准就是衡量校本培训的准则。高校辅导员校本培训标准的具体内容包括校本培训的实施者、校本培训的实施路径及校本培训的目标。高校辅导员校本培训具有三个特点：①高校辅导员校本培训是在学校范围内进行的，解决的是本校大学生思想政治教育过程中出现的问题；②校本培训是在本校专家和同伴互助中进行的，譬如学校成立高校辅导员论坛，定期讨论工作案例，就是校本培训的形式之一；③校本培训强调高校辅导员的专业发展，根据高校辅导员的专业发展需求，自主设计高校辅导员校本培训的模式来实施校本培训。由于各个高校辅导员校本培训的差异性和多样性，校本培训标准不尽相同，落实方式也不太一样，但是相对比较常用的方式有以下四种。

1. 专家讲座

专家讲座是比较常见的高校辅导员培训模式，也是高校辅导员培训的主要模式。在提升高校辅导员队伍专业化建设方面发挥了重要作用。一般是根据培训主题邀请相关领域的校外专家。有些专家深厚的理论功底会给高校辅导员很多启发，对提升高校辅导员的理论水平有很大的帮助。有些校外专家并没有从事过思想政治教育的一线工作，很多理论和实际问题脱节。专家讲座也是校本培训的主要形式之一，可以更加接近学校的实际状况，聘请校内思想政治教育领域的专家、有丰富经验的高校辅导员等担任培训师资，结合学校实际，结合本校中心工作，结合高校辅导员工作实际，这样的校本培训更有针对性和实效性。

2. 课题研究

高校辅导员将在工作中发现的急需解决的问题或重要的实践问题作为研究项目，通过课题申报，不仅解决了实际问题，还提升了自身的科研能力，促进自身素质和专业能力的提高。以课题研究的方式开展校本培训，主要研究课题均来自高校辅导员自身工作，这样的校本培训可以将科研引入教学工作，也可以开展校际、院际之间的课题合作。结题之后的成果可以转化，可以形成校本培训的重要素材。

3. 交流合作

校本培训中的交流合作指的是高校辅导员同行之间的交流和互助。高校辅导员之间的工作内容各有侧重，为交流合作提供了可能性。有的高校辅导员侧重心理辅导；有的高校辅导员侧重职业规划和就业指导；有的高校辅导员侧重大学生思想政治教育；有的高校辅导员侧重大学生党建，等等。校本培训中采取交流合作的形式既可以是非正式的，譬如学术沙龙，也可以是正式的大会交流，像高校辅导员年会等。这种交流合作有利于资源整合，提高高校辅导员的业务水平，促进高校辅导员队伍的专业成长。

4. 案例分析

将案例分析作为校本培训的形式具有案例教学的性质。校本培训中，高校辅导员要以自己的工作为基础选取案例，案例的选取一定具有真实性和可示范性，以吸引更多的高校辅导员加入课题研究。在校本培训中，通过案例进行总结、反思、提炼和归纳，形成校本案例教育资源，还可以邀请法学、哲学、心理学、社会学、传播学及管理学等不同学科的专家针对学生工作中的案例，从不同的专业角度进行分析，进一步开拓高校辅导员的学科视野。

（三）高校辅导员校本培训标准的目标

1. 校本培训标准是开展高校辅导员培训的依据

高校辅导员校本培训标准是高校辅导员校本培训活动应该达到的要求和水准，是高校实施校本培训的依据，即判断一个高校辅导员校本培训是否优质的评判依据。依据校本培训标准，高校对高校辅导员培训的内容、方式及落实都心中有数，目标清晰，这是提高高校辅导员校本培训质量的关键。

2. 校本培训标准可以规范高校辅导员校本培训

校本培训是高校辅导员在职培训的重要环节。高校辅导员不仅需要理论上得到提升，实践上更需要指导，校本培训内容需要结合当前学生成长和发展的需求，有针对性地从理论和实践方面给予指导。培训教师应来自本校的专业教师、高校辅导员或心理、职业规划等一线的专家和学者，目前很多培训班邀请的专家学者中很少有从事过高校辅导员工作的经历，对高校辅导员工作内容和性质不太了解，在培训内容方面与实际结合的内容少，甚至脱节，影响了培训效果。

3. 校本培训标准可以提升高校辅导员校本培训质量

校本培训标准可以避免高校开展高校辅导员校本培训过程中出现的不合规范的行为，有助于校本培训形成科学的、有序的运作机制和评价机制。从培训内容上师资队伍上、课程设计上，都从高校辅导员工作的实际出发，避免流于形式，让校本培训真正地发挥实效。

第二节　高校辅导员专业发展标准的实施

一、高校辅导员标准实施的基本条件

实施过程包括很多环节，如宣传、制定细则、政策解析、环境协调、监督落实、标准调整等。标准实施的理论条件、现实条件和技术条件决定标准的内容变为现实的程度。

(一) 标准实施的现实需求

1. 育人专业化的现实需求

全员育人是指高校中全体教职员工都具有育人的职责，表面看似乎和高校辅导员育人相冲突，但实质上是一个问题的两个方面，即普及化和专业化的问题。笔者认为应该以一种崭新的角度和思路来看待这个问题。高校辅导员的核心理念就是育人。高校辅导员的价值在于是否促进了学生的全面发展，育人普及化有助于扩大专业化的实际影响力。二者并不矛盾，将二者结合起来可以看作另一种形式的专业化。高校辅导员专业化首先要找到自己的定位，找到高校辅导员工作本身的功能和价值。人人都是德育教师的理念，是高校德育工作队伍与全体教师合作的一种形式和表现。德育的普及化有助于形成初级预防，高校辅导员形成二级预防，高校辅导员是高校教师的后盾。因此，要求全体教师具备基本的德育引导能力，就要求专职高校辅导员不但要博学，在自己的专业领域里就要更加专业化。只有博和专相统一，具有专业知识和专业技能，形成独立的知识体系，高校辅导员队伍的专业性才会显现，高校辅导员才会拥有专业地位，进而形成专业权威。从这一点看，德育队伍泛化和德育队伍专业化是不矛盾的。高校辅导员标准对提升高校辅导员队伍专业化具有关键作用。

2. 厘清职责界限的现实需求

随着高等教育的改革，学年制逐渐改为学分制，学生班级的概念会逐渐淡化。学生的专业归属感主要来自专业导师的指导和帮助。宿舍安排也不再以班级为单位而以专业划分或进行独立的社会化公寓管理。目前导师制度在某些高校已经建立。高校辅导员担任人生导师、思想导师，专业教师担任学习导师。高校辅导员和专业导师在职责上各负其责。学生工作体制也会随着高等教育改革而变化。高校减少必修课的学时，大量增加选修课的学时，变"要我学"为"我要学"。全校学生都会根据自己的兴趣爱好选择课程，打破了班级的概念，甚至是学院的界限。高校辅导员的管理体制也会发生质的变化。条块制会逐渐变为平行式，高校辅导员工作不再是小而全，而是以专业特长来划分高校辅导员之间的工作界限。

3. 落实教师身份的现实需求

多数高校辅导员在实际工作中感到不堪重负且倾向于教师角色。高校辅导员在高校被称为"三不像"：一不像老师，二不像管理人员，三不像学者。各高校必须对高校辅导员的现行工作体制进行反思。究竟是观念问题还是体制本身问题？深层次原因是并没有把高校辅导员看作高校真正的教师。很多人对高校辅导员的教师身份是从广义的角度去认同的，即高校中的教职工都可以称为教师。高校辅导员没有队伍归属感非常明显，带来的低成就感和自信心不足，影响了高校辅导员地位和功能的发挥。双重身份看似拓宽了高校辅导员职业发展路径，但并没有从根本上提升高校辅导员的社会地位和专业属性。一种职业只有一种身份，否则难以确立高校辅导员的不可替代性。辽宁技术工程大学试行高校辅导员日常工作课程化，凸显教师身份的做法极大地提升了高校辅导员的教师身份归属感。要实现高校辅导员职业化、专业化、专家化，需要真正落实高校辅导员的教师身份。高校辅导员标准的实施实际上是对高校辅导员队伍改革预期成果的保障。

（二）标准实施的技术条件

标准在实施过程中，主要包括宣传动员、标准的细化和优化、组织机构和人员的准备、思想说服教育、协调和监督审查环节。这些过程是由复杂技术环节组成的动态过程。

1. 宣传动员

宣传是实施的初始环节，也是决定成功实施的关键环节。宣传动员可以帮助实施者和目标群体准确了解标准实施的目的、具体措施和预期目标。通过多种途径，利用各种宣传手段和宣传工具让实施主体、目标群体认同并接受，并决定在多大程度上达成共识，为标准的顺利实施做好充分的思想和组织准备。必须通过宣传，统一人们的思想认识，为标准的实施创造执行合力。

2. 标准的细化和优化

实施就是标准的理论框架逐步实现的过程。不过从标准制定到全面实施还需要经过不断细化和优化的步骤。这个环节可以称为实验环节。各高校由于高校辅导员体制不同，对原则性的、政策性的规定要进行分解，对实施的环节和步骤做好明确的规划。结合高校辅导员建设的自身情况，对标准框架进行细化和优化、修改和完善，有助于减少标准执行的风险，使实施活动有条不紊地进行。

3. 组织机构和人员的准备

任何实施都需要成立相应的实施机构，募集实施人员。这是实施成功的组织保证。组织工作是标准落实的基础和必要保障。组织机构是否精干高效决定标准目标的实现程度。实施人员需要具备一定的专业素质和能力，能够准确理解标准实施的目的和作用，有对其条款进行分解并制订执行计划的能力。

4. 思想说服教育

思想上的说服教育必须以理服人。任何强制都会带来负面效果。只有开展深入细致的思想说服教育，让实施主体、目标群体及社会环境都比较认同和接受标准所表达的价值理念，标准才会顺利地实施。这个思想转化过程是需要耐心的，不能省略，不能急于求成，因为心理上对标准的认同比任何强制的服从都更持久，更有效果。

5. 协调和监督审查环节

标准实施的全过程需要协调和监督。在实施全过程中需要从头到尾进行协调和监督，协调需要执行机构之间、执行人员之间及执行人员与目标群体之间进行一定的信息交换，实现有效沟通。标准的监督与审查应贯穿全过程。监督和审查范围包括标准是否规范、内容和机构是否合理、是否具有可操作性等。通过协调和监控可以保证标准在预计的轨道上落实，沿着正确的方向实施，避免走向偏差，协调和监督可以保证标准实施取得预期效果。

6. 实施手段的多样性

标准实施过程中由于受到多种因素的影响，需要多种实施手段。标准实施的手段是指标准的实施主体为了实现标准功能和目的所采取的各种措施和方法的总和。标准的实施手段可以表现为行政手段、法律手段、经济激励手段和思想说服手段。每一个环节和每一种手段都不可能单独发挥作用，在实际的实施过程中，各个环节和各种手段是相互综合的。要根据不同的情况侧重使用某些手段，有些手段不能简单使用或不加分析地简单套用。标准实施的复杂性决定了实施手段的多样性。

二、高校辅导员标准实施的影响因素

标准实施的好坏，决定标准内容得以实现的程度。标准在实施的过程中会受到各种因素的影响，但是主要影响来自目标群体、实施环境及实施主体（机构和人员）三个方面。实施主体、目标群体和实施环境相互作用、相互影响，有机结合。标准不仅需要目标群体的认同，实施主体的认同也同样会影响实施的效果，同时必须看到环境的影响是具有长期性的。所以有必要对这三个方面进行进一步的阐述。

（一）实施主体

实施机构对标准的解释及实施人员对标准的理解是影响标准成功实施的重要因素。实施机构从宏观上讲包括国家、省市和高校等多层实施机构，从微观上讲高校是标准实施的最基层的实施机构。我国多数高校辅导员体制是纵向层级结构，从主管学生工作的副校长（副书记）到校学生工作部及校团委，再到学院学生工作办公室和学院团委，这些都可以是实施机构，这些机构需要进行上下沟通，在沟通中，一方面可能会出现各级实施机构和实施人员对标准的不理解或只认同标准中部分内容，另一方面实施人员与目标群体（高校辅导员）之间需要达成一致意见，标准的落实才有保障，否则标准难以真正落实。这种沟通障碍或理解障碍也是影响标准能否成功实施至关重要的因素，因此必须通过有效手段排除沟通障碍，消除隔阂，否则标准难以继续落实。可见，增进实施机构之间和内部整合及彼此之间的了解和合作非常重要，并且与分工密切相关。高校各级学生工作部门作为实施机构，必须有负责标准实施的工作人员，实施人员的领导水平和工作热情对标准的实施也产生影响。例如，对标准中自由裁量条款的理解就与具体负责实施人员的素质直接相关，因此必须选择合适的实施人员。这些人员需要具备下列素质：第一，具有较高的专业技术水平，并具有能够准确地理解和把握政策与目标的能力，以及进一步制订标准实施计划的能力。第二，具有较高的管理水平，表现为沟通协调能力、组织能力、动员能力较强。第三，工作态度严谨，既有工作热情，又有敬业精神和缜密的理性思维。多数情况下，由于向社会招聘标准的实施人员成本过高，通常从实施机构内部选择实施人员。这些人员需要经过培训后才能胜任标准实施的工作。

标准在实施的过程中，经常会受到各种因素的影响，有效性也会相应地受到影响，甚至会偏离标准的实施轨道，因而标准的实施需要监督。监督既可以从学生工作系统内部进行，即实施机构里同时设立监督部门，实行上下级监督或同级党委监督，由主管上级部门负责下级执行机关的实施行为和过程，也可以从外部进行，即来自社会专业团体和协会的监督，如各级高校辅导员协会。当实施机构与高校辅导员发生不同意见，引起冲突或争执的情况时，应该由机构外的高校辅导员协会或由协会组织专家来仲裁，进行调解或决定是非曲直。尽管学生工作内部的监督必不可少，但是由于内部机构之间的复杂关系及视角、情感和体制上的诸多因素，不能过分依赖内部监督，还必须建立外部的监督渠道，或者由教育部授权或各级高校辅导员专业协会承担监督、检查和评估的职能，保证冲突各方正当的权利和利益，实现高校辅导员队伍标准建设的目标。

（二）目标群体

目标群体是标准或政策直接作用的对象，是通过标准调整其行为的群体。目标群体对标准的接受与否是标准能否得以顺利实施的关键。作为标准的实施对象，当标准对一些人有利时，对另一些人就会不利。因此，标准的实质是如何在目标群体中实现利益均衡，体现公平。目标群体有可能支持标准的实施，也有可能不支持标准的实施。当标准体现的价值观与目标群体的价值观一致时，标准就会得到贯彻和执行，反之，标准就会得到抵制和反对。如果目标群体对标准实施表现出一种消极态度，说明标准的研制不成功，如果目标群体对标准采取抵制的态度，说明标准研制失败。因此，目标群体的接受程度是标准成功实施的关键。事实证明，任何新政策的实施如果没有目标群体的参与都会遭遇失败。

高校辅导员标准的目标群体主要是各地各高校的专兼职高校辅导员。标准在实施过程中，实施机构和目标群体之间的关系对成功实施具有至关重要的意义。

首先，实施机构需要对标准进行宣传和解释，宣传是为了让目标群体理解并接受，促进对标准的实施。其次，实施机构设法将目标群体的价值观统一到标准上来，或者通过目标群体的行为来对高校辅导员进行奖励或惩罚。一项命令是否具有权威，决定于命令的接受者，而不在命令的发布者。标准制定与实施的目的在于提升高校辅导员的主体性，是为了使高校辅导员获得尊严，提升高校辅导员的专业主体地位。高校辅导员应该成为标准的参与主体。对于高校辅导员来说，标准是由行政机关和专家等外在力量在推行，具有控制性和外在性，只有发挥高校辅导员的主体性作用，标准才有可能顺利实施。

标准实施中要求高校辅导员的知识、技能、价值观、行为与标准要求的一致，但这只是高校辅导员的应然状态，只有高校辅导员从内心真正接受，才能实现理想目标和现实状况的一致性。单纯靠外在的行政力量是行不通的，必须从高校辅导员内在思维方式的变革开始。作为目标群体，在任何的教育改革中都不应被忽视其主体性和能动性。标准的实施应该力图使作为"高校辅导员"的人和作为"人"的高校辅导员统一起来，实现应然和实然、理想和现实的统一。

（三）实施环境

环境是实施的必经通道。因为只有在一定的环境之中才能实施。这里的环境主要是指思想政治教育环境。环境是一个非常复杂的结构体系，不仅影响标准的制定，更决定标准的实施，思想政治教育环境中不同的政治、文化、经济等各种因素对标准的实施起着支配作用。宏观、中观和微观环境都属于思想政治教育环境。宏观环境包括社会占统治地位的经济、政治、文化和社会心理等。中观环境是指家庭所在的社区、组织、学校、企业等，还包括对人的思想行为产生广泛影响的互联网等因素（互联网在这里不仅是指载体，同时也是环境）。与人们的活动直接相关的是微观环境，如家庭、班级或车间等。宏观环境对中观和微观环境具有制约功能，中观环境位于宏观和微观环境中间，具有连接功能，而微观环境表现为对宏观和中观环境的反馈作用。环境的影响是非线性的、复杂的。高校辅导员标准实施可能受到来自一种因素或多种因素的综合作用。环境对标准的实施主要有三个方面的影响，即强化功能、导向功能和感染功能。在众多的环境要素中，媒介环境和虚拟环境、竞争环境是具有代表性的新环境要素。高校辅导员标准的实施要学会适应环境的发展。因为环境的发展总是与思想政治教育的发展相互影响、相互促进。高校辅导员标准的实施必须借助社会环境，实现标准的目标，促进高校辅导员队伍专业化建设，优化高校辅导员的社会地位，实现良性互动。

三、高校辅导员标准实施的策略

(一) 重视高校辅导员制度顶层设计

高校辅导员队伍制度建设实质是如何加强管理。制度是人类生存和发展的实现形式，也是决定一个人发展的重要因素。人的发展离不开制度，制度规范人们的交往和社会关系，决定人发展什么及怎么发展。人的行为需要规范和调节。制度是一种保障，没有形成制度化的管理，再好的经验和做法也会难以长久发挥效应。制度与人是一个良性互动的伴生过程。

对制度与人的关系的研究始于近代西方。他们对制度起源的论述虽然具有抽象性，但是从人性的角度把握了制度的功能。我们的出发点是从事实际活动的人。高校辅导员制度是对高校辅导员专业化的行政认可和政策落实的保障。顶层制度设计是高校辅导员专业化、职业化和专家化实现的外部条件，更是教育理念的更新。当前，高等教育正面临着三种转变，由"知识体系教授导向"向"能力培养导向"转变；由"学生学什么为导向"向"学生能做什么为导向"转变；由"以教学为中心"向"促进学生全面发展为中心"转变。高校辅导员在大学生日常思想政治教育中的作用也越来越受到学校和社会的肯定，显然，从制度层面对高校辅导员的职业地位进行确认是实现专业化和职业化充分且必要条件。

顶层制度设计有利于统一高校辅导员职业准入，完善考核、培养、职业发展和退出制度，为高校辅导员职业发展路径提供制度保障。以制度的形式明晰高校辅导员的岗位职责，划清高校辅导员和班主任、思想政治课教师、组织员和专业教师之间的界限，通过制度和政策界定高校辅导员的内涵、角色、职责、行为规范和身份归属。制度可以提升高校辅导员的职业自信和职业归属感，同样，制度也赋予了高校辅导员在社会结构中的位置和象征符号。

制度与具体的上级通知的区别在于，制度具有普适性和稳定性。因为制度是为社会角色制定的，而不是为特定一个人制定的。制度是为了规范人们不断重复的行为，而不是某一次的行为。制度设计对制度的被管理者而言意义重大，因为只要改变制度设计的结构和参数，就能改变制度所管理的人的行为。制度设计时必须考虑的一个因素就是机制。机制是社会关系发展、运动变化的自身规律和内在机理，是客观的、必然的东西，不管人们知道不知道、承认不承认、喜欢不喜欢，机制是必然存在并发生作用，人们可以认识它、发现它、利用它，将其作用机理引入管理活动中去，却不能创造它、修改它、废除它，机制是制度设计时必须遵循的客观规律。因此，机制和制度之间是规律和应用的关系，制度需要适应机制，而机制决定制度的设计。

科学合理的制度设计遵循一定的原则。首先要求具有科学的管理理念，不能指望一个制度可以解决所有的问题，制度越周全，可操作性、灵活性就越差。在实际工作中，各地高校辅导员的制度设计一般都不尽相同。例如，各高校制定高校辅导员的培训制度、考核制度等都有各自学校的特点。在高校辅导员制度顶层设计时不能用一个平面去覆盖，制度设计是一个系统工程，应当遵循系统工程的方法，将整体观、有机观、辩证观的系统论思想引入高校辅导员顶层制度设计。制度分为惩罚制度和奖励制度。惩罚制度是观测不良行为是否发生，奖励制度是观测提倡行为是否发生。高校辅导员制度顶层设计应该是一些相对稳定的规则集合、惩罚和激励集合。比如，在高校辅导员考核评价制度方面，高校辅导员的很多工作量难以观察，因为很多工作难以量化，只能考察高校辅导员有无重大失职行为，如果没有则考核合格。在高校辅导员科研和教学方面量化，就可以采取奖励方法，鼓励高校辅导员从事科学研究和教学研究，按照科研成果和教研成果进行奖励。通过这种制度设计，有助于提高高校辅导员个体专业素质和提升高校辅导员队伍整体水平。高校辅导员制度是高校辅导员身份确立的外在前提，一个组织的形成，制度起着决定性作用。"只有根据高校辅导员各项具体工作所联系的社会知识建立的各种结构性制度，才有可能使制度转化为一种追求和稳固职业地位、约束和协调从业者活动、确保职业执业标准和规范的自我利益的保护工具。"体制是制度体系的简称，是具有内在联系的各种制度的有机构成，相互之间是一种相互兼容、相互协调和相互补充的关系。体制和制度都是人为设定，但是制度和体制的区别在于改变制度易，改变体制难。体制是设计制度时必须考虑的制约环境。标准的实施如果没有外部的环境支持，实现标准的目标可能会遥遥无期。

制度顶层设计需要体现专业性，首先，加强高校辅导员职业管理，建立职业准入机制。其次，搭建并完善高校辅导员专业发展平台，为高校辅导员工作交流提供条件保障，确保高校辅导员的合法权益受到保护，在机构、编制、平台和资源方面给予制度保障。最后，把大学生思想政治教育与教学科研有机统一，不能与教学科研两张皮，要做到学生日常思想政治教育与课堂教学目标相同、理念一致、政策衔接、措施相济、内容互补，形成教书育人、管理育人、服务育人、实践育人、科研育人、环境育人的协调发展机制和长效机制。科研能力是提升高校辅导员专业地位的关键因素，制定高校辅导员科研激励制度和政策，向一线专职高校辅导员倾斜，激发一线高校辅导员从事科学研究的兴趣，只有鼓励高校辅导员开展基于工作的科学研究，高校辅导员标准的实施方有意义。而这一点需要在制度的制定中加以体现。

（二）强化高校辅导员教师身份认同

高校辅导员具有教师和干部的双重身份，决定了高校辅导员在职责上体现为教育和管理。内容包括政治教育、思想教育、道德教育、心理健康教育。这种教育与其他学科的教育相比，区别在于高校辅导员是培养学生的理性思维，而不是具体的知识，帮助学生形成正确的世界观、人生观和价值观。教会学生如何学会生存和面对困难的良好心态。但是高校辅导员育人与专业课教师的育人及管理人员的育人存在区别，从本质上说，高校辅导员是思想道德的引领者，思维的引导者，是灵魂的真正塑造者，调查数据显示，不论是大学生还是高校辅导员都希望高校辅导员具有教师身份。保留并强化高校辅导员的教师身份是高校辅导员队伍专业化建设的重要支持。专业形象感的获得一般根植于群体。作为群体的一员，个体和群体在价值观念和行为方式上往往达成一致。对于任何一个高校辅导员来说，高校辅导员是一个相对比较固定的圈子。高校辅导员的价值观和归属感会受到圈内各种规范的塑造和影响。加入这个群体需要达到政治素质、职业道德、专业知识和能力及心理健康素质等标准，这种群体资格的确定就是区分"我与他""我们与他们"的区别。群体资格的获得意味着高校辅导员群体的专业形象也就逐步树立起来，具有高校辅导员职业的专业特性。通过标准的实施，获得了高校辅导员的群体资格，就获得了一个较为稳定的社会位置，为高校辅导员的生存、发展提供了参照。高校辅导员的专业形象既依赖于群体之外的接纳与认可，也离不开群体内的互相认可和自我界定。

身份认同的核心是价值认同。与社会认同相对应的是自我认同，高校辅导员的自我认同是高校辅导员自我价值认可的表现形式，是高校辅导员自我主体性和能动性的落实，而高校辅导员的社会认同是从社会的角度对高校辅导员价值的认可。"社会多元的价值规范与个人存在的意义之间保持着一种永恒的张力性矛盾，在确立自我的身份感或意义感的时候，它迫使人们根据自己的价值信念、利益需求、情感态度做出认同性选择，也就是说，人们在对'我是谁''我为什么属于这个群体''我将要成为谁'的一系列追问中，需要意识到思考与澄清自我存在的价值和意义。"社会对高校辅导员工作的认可能提高高校辅导员工作的积极性，他们会认为辛苦是值得的，会想方设法地改进工作方法，提高自主性和能动性。根据现代管理学的观点，"员工首要的五项需要是：①有意思的工作；②认可；③做主；④安全感；⑤报酬"。可见认可或认同对一个人具有价值存在感的重要性。

不同学科对"认同"有不同的解释。认同一词的英文是"identity"。心理学更多地使用"认同""同一性"。社会学和文化学使用"身份认同"的概念。对于高校辅导员的教师身份认同是一种尊重需要和自我实现需要的具体体现，是对高校辅导员队伍专业性的认同。

自我认同和社会认同属于成长型需要，是影响高校辅导员成长与发展的关键因素。高校辅导员在满足前三个层次需求的基础上，进一步的成长需求是完全正常的，高校辅导员教师身份的认可使得高校辅导员队伍的专业性得到进一步的体现。专业性的价值使得高校辅导员在大学生思想政治教育工作上将会发挥更大的作用，进而获得社会认可和尊重，实现自我存在的价值。

（三）促进高校辅导员专业发展自觉

1. 树立自我专业发展意识

观念是行为的先导，观念的落后会制约高校辅导员专业素质的提升。专业发展意识对于高校辅导员专业成长非常关键，自我专业发展意识是产生内在的专业发展动力的源泉，专业发展是自我专业发展的目标。标准的研制是指导高校辅导员如何成为一名专业人员，自我专业发展意识则是保证高校辅导员不断自觉地促进自我专业成长，也是高校辅导员自我专业发展的内在主观动力和专业身份的根本保障。当高校辅导员拥有了自我专业发展意识，会有意识地主动寻找各种学习机会，因为一个"自我引导学习者"非常清楚自己到底需要什么样的知识和今后的发展方向。

2. 重视培养高校辅导员教育研究能力

很多高校辅导员认为，高校辅导员时间都被大量琐碎的事情占用，没有时间从事科学研究。事实是科学研究有助于减少重复劳动，研究不是为了增加额外的负担，而是为了提高工作效率。如果说标准的价值在于使高校辅导员明确自己与专家型高校辅导员的差距，是一种被动专业化，那么将行动研究引入高校辅导员专业化建设就是由被动专业化向主动专业化的一种转变。只有科学研究才能让高校辅导员逐渐获得专业属性，成为受人尊重的职业。具有科研意识、知识与能力，是所有专业人员的共同特征。高校辅导员如果自身缺乏创新意识，科研能力不足，在开展针对大学生的思想政治工作时，就无法与学生在学术创新上进行深入互动，职业价值只能更多地体现在充当大学生的保姆式管理者，无法有效促进大学生创新能力的培养。

3. 树立高校辅导员终身学习的理念

高校辅导员必须具有终身学习的能力。高校辅导员要把终身学习作为一种生活方式，作为一种责任。高校辅导员终身学习的目的在于建立工作自信，提升育人能力，适应社会变化和高等教育人才培养目标的变化，大学生的思想行为受到了不同程度的影响，大学生的人生观、价值观、心理、就业、学业、社会交往等方面都需要高校辅导员去引导和帮助。促进高校辅导员自身发展。高校辅导员树立终身学习的理念不仅仅是为了适应外在新的挑战、任务、情况和环境的变化，同样也是为了满足高校辅导员内在发展的需求，即高校辅导员自身的生理和心理的需求。高校辅导员只有不断提升专业素养，树立终身学习的理念，才能面对新的挑战、任务、情况和环境。研究表明，成年人同样有自己的危机和难关，也有很多自身发展的新问题和新情况。终身学习理念的树立可以帮助高校辅导员实现人的终身发展。通过终身学习，能够最大限度地帮助高校辅导员实现个人价值。促进高等学校育人理念的变化。

3. 促进高校辅导员进行工作反思

标准制定和实施的直接目标是促进高校辅导员形成自主专业发展意识，促进高校辅导员通过自我教育实现由内而外的专业化过程。保证高校辅导员不断自觉地修正自身教育实践行为，并能够批判地看待自己的行为和效果，不断完善和改善实践，提升批判性思维能力，提高发现问题、分析与解决问题的能力，形成自我专业发展的内在动力。当高校辅导员具备了这种反思能力时，会使自己的行为更加符合大学生成长、成才的规律，符合思想政治教育规律。

目前，我国高校辅导员的行政认可高于社会认可与学校认可。行政认可是目前高校辅导员专业化、职业化的主要力量，行政认可是国家对高校辅导员专业化、职业化建设的一种期许，但不意味着高校辅导员队伍已经实现了专业化和职业化。高校辅导员专业化路径除国家强有力的行政支持外，更为重要的是高校辅导员自发、自觉地，自下而上地形成专业发展自觉性，逐渐达到专业累积，高校辅导员标准制定和实施的最终目的是促进高校辅导员形成专业自觉。这种途径看似效率低下，但是效益巨大。因为只有形成这种有机的、点滴的专业积累，才会有持久的专业发展动力。

反思是高校辅导员自我更新意识的体现，也是自我更新和专业发展的基础。反思应该成为高校辅导员日常工作的一部分，将反思渗透到日常的工作中去。作为反思的代表人物杜威认为反思包括五个步骤："①感觉到的困难；②困难的所在和界定；③对不同解决办法的设想；④运用推理对设想的意义所作的发挥；⑤进一步的观察和实验，它引导到肯定或否定，即得出可信还是不可信的结论。"

反思能力是高校辅导员队伍被动专业化和主动专业化的本质区别。只有具备反思能力的高校辅导员，才会产生内在的专业发展动力，进而获得专业发展。高校辅导员的自我专业发展意识表现为高校辅导员成为一名反思实践者，行动研究理论的践行者。高校辅导员工作反思的内容不应是思想政治教育专家提出的研究内容，而是应当从实践中提出问题，着手解决问题，提出假设，检验假设和评价，通过这样反思过程的高校辅导员才能获得专业自主和发展。高校辅导员进行工作反思可以从以下方面着手：一是对话反思。高校辅导员对每次深度辅导的谈话目标、谈话过程和谈话效果进行反思，在深度辅导的记录中加入反思的内容。对是否实现了有效沟通、达到了辅导的目的、满足了学生的需求进行分析。二是行为反思，对已有的行为进行回顾和考察，保留好的行为和经验，避免不好的行为再次发生。三是同行交流。因为工作内容相近，高校辅导员之间往往具有共同的话题，通过交流可以分享辅导案例，分享经验，实现共同提高。高校辅导员在工作中遇到的困难要多于其他教师，反思对高校辅导员尤为重要。通过定期召开高校辅导员学习沙龙，进行内部交流可以促进高校辅导员专业化水平和工作反思能力的提升。四是与理论专家交流。理论专家一般具有较为宽广的理论知识和理论视野，有较为深厚的哲学基础，能够看到问题的实质，进而提高高校辅导员反思的理论深度。总之，作为一名育人工作者，反思会增强高校辅导员工作的生命力。"教育不是工艺，是哲学、是艺术、是诗篇，是思想与思想的碰撞，是心灵与心灵的交流，是生命与生命的对话。教育需要用我们的热情和生命去拥抱。"

四、高校辅导员标准实施的效能、局限及发展

高校辅导员标准通过在高校辅导员招聘、培训、考核和职业规划中应用，可以为教育主管部门及高校学生事务管理部门提供必要的决策和参考信息。

（一）高校辅导员标准的效能

1. 规范高校辅导员招聘与配置

高校辅导员标准可以为高校辅导员的甄选录用工作提供参照，这也是标准的首要功能。标准在人员甄别、筛选方面的作用不容忽视。通过素质测评，可以了解到应聘者的品德、能力和个性特点，以及应聘者在未来发展上可能存在的不足。高校辅导员的素质测评可以采取调查问卷或心理测试的方式进行，对高校辅导员候选人进行职业能力素质的初步筛选。配齐、配强高校辅导员队伍需要制定高校辅导员职业准入标准，制定选聘办法，细化选聘标准，结合工作实际，规范高校辅导员选聘流程，要把德才兼备、乐于奉献、潜心教书育人、热爱高校辅导员事业的优秀人才选聘到高校辅导员队伍中来，建设一支政治坚定、素质过硬、作风优良的学生工作队伍。

2. 提高高校辅导员培训、培养的针对性

高校辅导员面对学生的学业辅导、就业指导、心理咨询、法律问题等专业性很强的咨询需求，要学习和掌握政治学、教育学、社会学、心理学、管理学、伦理学、法学等相关知识，提供专业的咨询服务，能切实有效地为学生提供思想政治方面的指导，提供学业方面的帮助，给予就业和心理方面的咨询，解释人生中的种种困惑，真正成为学生信得过的朋友和导师。高校辅导员专业素质的提升很大程度上取决于高校辅导员培训、培养环节。高校辅导员培训的内容需要进行培

训需求分析,而高校辅导员素质测评是培训需求分析的必要工具。根据素质测评结果,对高校辅导员的培训需求进行分类、汇总,了解哪些是短缺素质,哪些是优势素质,哪些需要在培训中加以强化。高校辅导员的三级培训(省培、市培和校培)可以根据培训对象的素质测评结果制订相应的高校辅导员培训计划,确定培训需求和培训师资队伍,开展或开发相应的培训课程。

3. 提升高校辅导员考核评价的科学性

高校辅导员标准可以成为高校辅导员考核的评价依据。任何人的素质都可以被测量,高校辅导员的素质测评可以表明其素质结构的优劣及水平的高低。同时由于考核的指标反映了对高校辅导员职责履行的要求。高校辅导员个体素质的培养和行为也是尽量与高校辅导员职责要求相一致。将考核目标分解为具体细化标准体系,使目标获得抽象的数的性质和形式,并按任务重要程度的不同,与数的系统形成对等关系,使目标考核形成能够量化和运算的指标体系。高校辅导员工作很难量化,人才培养质量也很难统一标准,在指标体系的分值设计和权重量化时,一定要科学、合理。考核应该通过详细阐明考核目标的性质、特征、完成时间、方法和途径来提高其考评的信度,也可通过全校公开答辩、述职汇报等形式。同时考核工作不能单纯注重工作结果,而忽视努力的过程。将素质测评和考核指标有机结合,有助于实现对高校辅导员的过程考核。通过提高高校辅导员自身素质水平,改进行为表现,不断提高工作效率,增强思想政治工作的实效性。

4. 提高高校辅导员职业生涯的管理能力

我国高校辅导员专业化不强的一个重要原因是人员流动快,高校辅导员工作几年后,通过考公务员、校内转岗等方式离开高校辅导员队伍,很少有人能长期坚守高校辅导员岗位。究其根源,还是高校辅导员工作缺乏吸引力,晋升空间狭小,留不住优秀的人才。现行学生工作队伍的级别往往参照行政管理级别(从副科级到正处级)和教师职称级别(从助教到教授)而定的,而不是依据学生工作本身的性质来划定,缺乏内在的职别体系和评定标准。通过素质测评可以了解高校辅导员的能力倾向、职业取向、价值观,通过素质测评帮助高校辅导员了解自己适合什么样的高校辅导员岗位,并针对个人的性格特点、优势和劣势拟定其职业生涯道路,明确职业目标。通过对比素质测评结果,调整工作思路,调整工作岗位、调整对工作的期望值来管理职业生涯,制订符合自身特点的职业发展计划。

(二)高校辅导员标准的局限性

通过对不同国家和地区的学生事务进行比较,不难看出美国、英国、中国港台地区在学生事务工作方面有以下共同点:一是都有专业化程度较高的学生工作队伍,并且绝大多数学生事务工作者有自己确定的工作领域,从业者不是全面手,而是某个领域的资深专门人才。对从业者的资格也有严格的标准，一旦确定某个专业领域，从初级到高级都有稳定的可实现的职业生涯路径。二是上述国家和地区在学生事务管理者的培养方面已经形成了成熟的学科体系。高校中设置了本科、硕士和博士系统的培养体系。与学生事务相近的专业也为学生事务管理的从业人员提供学科支持。高校中设置高等教育学、社会工作学、心理学等硕士或博士课程，可以满足从业者的职业发展需求。三是学生事务及其相关的标准非常完善从前面分析可得，高校辅导员标准对高校辅导员队伍的专业化、职业化和专家化建设方面起到重要的促进作用是显而易见的。但是，高校辅导员标准在落实上仍有一些需要澄清和解决的问题，目前高校辅导员标准中对适用群体没有细化，在标准里对高职院校的高校辅导员和本科院校的高校辅导员应该给予区别对待。在专业发展路径上，本科院校和高职院校的高校辅导员专业发展目标存在差异性。高校辅导员标准可以先在本科院校中进行试用。[1]

---

[1] 吴巧慧.高校辅导员标准研究［M］.北京：北京交通大学出版社，2017.

第五章 高校辅导员考核机制

第一节 绩效评价基本理论述要

高校辅导员工作绩效评价是高校辅导员管理工作的重要组成，也是整个高等学校绩效评价工作的重要组成。对高校辅导员工作绩效评价而言，无论是理论研究，还是实践探索，都必须搞清楚绩效评价的基本理论问题。绩效评价的基本理论不仅涉及绩效评价的概念、类型、作用和原则，还涉及绩效评价的流程、内容和要求，这些均是高校辅导员工作绩效评价体系研究的理论基础。

一、绩效与绩效评价的概念

人们对客观事物的认识，往往是由低到高、由浅入深、由简单到复杂发展的。人们对某一个学科的研究，也是从研究该学科中最基本、最重要的概念开始的。概念是反映对象本质属性的思维形式，科学认识的成果就是通过形成各种概念来对其加以概括和总结的，因而绩效评价研究必须先弄懂基本概念，必须以前人已有的研究成果作为基础或前提。同样，高校辅导员工作绩效评价体系研究也必须以此为逻辑起点。

（一）绩效的概念

从管理学的视角看，绩效是组织期望的结果，是组织为实现目标而展现在不同层面上的有效输出。它包括个人绩效和组织绩效两个方面：个人绩效是指组织成员某一时期内的工作结果、工作方式及工作行为等的体现；组织绩效是指组织在某一时期内，组织任务完成的数量、质量、效率、效益等的体现。现实中往往以个人绩效围绕组织绩效进行和组织绩效由个人绩效决定这两个假设为前提，并将组织成员工作活动与组织战略目标联系起来，通过提高组织成员的绩效来提高组织的整体绩效。因此，在制订绩效计划时，组织目标应该首先分解为部门目标，部门目标再分解为个人目标，组织中大多数个人目标的实现，意味着部门目标的实现，最终意味着组织目标的实现。

从经济学的角度看，绩效与薪酬是组织成员和组织之间的对等承诺关系——绩效是组织成员对组织的承诺，而薪酬是组织对成员所做出的承诺。一个人想进入组织就必须对组织所要求的绩效做出承诺，当组织成员完成了他对组织的承诺时，组织就必须实现它对组织成员的承诺。这种对等承诺关系的本质，体现了等价交换的原因，符合市场经济的基本运行规则。

从社会学的角度看，绩效意味着一个社会成员按照社会分工确定的角色承担职责。由于他的生存权利是由其他人的绩效做保证的，而他的绩效又同时保障着其他人的生存权利，因此，实现绩效目标是每一个社会成员应尽的义务，受益于社会就必须回报社会。

在具体的实践中，人们对绩效的理解可能是上述某一种，也可能是对各种绩效概念的综合认识。一般说来，较普遍的理解是：绩效就是"完成工作任务"；绩效就是"工作结果"；绩效就是"行为"；绩效就是"行为与结果（过程）的统一"；绩效就是"做了什么（实际效益）和能做什么（预期效益）"。

（二）绩效评价的概念

无论是在早期的人事管理中还是在现代人力资源管理中，绩效评价都是绩效管理过程中的重要环节和关键手段。绩效评价是指用系统的方法来评定、测蠛组织及组织成员在职务上的工作行为和工作效果。具体来说，绩效评价是完成战略性目标的一种方法，是衡量组织及组织成员是否完成目标的一种手段。这一过程包括由战略目标驱动并与工作流程相联系的对组织和组织成员的绩效评价。

（三）绩效评价的含义

绩效评价是从组织的战略发展目标出发，对组织及组织成员的工作进行评价，并使评价结果与其他人力资源管理职能相结合，从而推动组织战略发展目标的实现。

绩效评价是人力资源管理系统的组成部分，它通过运用系统的、一贯的制度性规范、程序和方法对组织及组织成员进行评价。

绩效评价是对组织及组织成员在日常工作中所表现的能力、态度和业绩进行实事求是的评价。

二、绩效评价的类型

在开展绩效评价之前,首先必须了解绩效评价的种类和特征,只有如此,才能更好地选择评价的方式和方法,从而最大可能地实现绩效评价的目的,绩效评价的类别有多种,可以按照评价的主体、评价的对象、评价的因素和评价的目的进行分类。

(一) 按照评价的主体分类

按照评价的主体分类,绩效评价可以分为政府评价、社会评价、自我评价。

政府评价是指政府主管部门直接主持或委托相关部门主持进行的评价,具有权威性,受政府保护。

社会评价是指社会团体未接受政府部门的委托,独立开展的评价活动,其评价结论可以为政府决策提供信息咨询,对被评价组织或个人的声誉有较大的影响,且其可信度取决于评价机构的专业水准、职业道德、评价的客观准确性,以及评价结果的社会接受度。社会评价的结论虽对被评组织和个人不具有强制力和约束力,但能够起到一定的激励作用,并引起社会的积极关注。

自我评价是指组织内部进行的评价,是评价主体依据评价原理,对照评价标准,主动评价自己的评价行为。自我评价是自评组织或个人自我诊断、自我研究、自我完善、自我发展的过程。因此,被评组织或个人对评价活动的科学认识及工作的积极性将直接影响整个评价过程的客观性与准确性,并将影响评价工作的开展和完善的进程。

(二) 按照评价的对象分类

1. 对组织的评价

这是将评价对象作为一个整体来进行的评价,是一种基于客观现象的综合性评价。评价的内容包含政策支持系统、环境支持系统、组织支持系统、经费支持系统及人力资源系统等,评价的范围广、难度高、综合性强。

2. 对个人的评价

这是将评价对象作为组织中的一个个体来进行的评价,是一种基于微观视角的具体性评价。评价的内容包括结果性评价、过程性评价等。具体地说,它是对组织成员的具体表现、行为过程、已经取得或可能取得的成绩等进行的一种评价。

(三) 按照评价的因素分类

1. 终结性评价

终结性评价亦称结果性评价或总结性评价。它是一种注重结果的评价手段,通常在过程结束以后才实施评价。这类评价往往以目标来衡量和比较成果,有时也可以称为目标评价。其主要作用就是对评价对象进行鉴定和诊断。评价方法较多地采用定址分析，有时也采用定性分析。

2. 形成性评价

形成性评价亦称过程性评价，是一种注重过程的评价手段，通常在过程中实施评价，其主要作用是考察评价对象工作过程中的优劣得失，并提出改进的建议。本质上，它是一种事态进行中的评价，而且评价结果对评价对象的工作进步起到促进作用，评价方法多采用定性分析

3. 条件性评价

条件性评价亦称配置性评价，是对评价对象的政策环境、物质条件等进行的评价。在评价过程中，如果只考虑评价对象是否达到目标和活动本身的合理性是不够的，还必须考虑实现目标和活动开展的可行性。这就是条件评价所要解决的问题。本质上，它是一种相对评价而不是绝对评价，评价的结果能够对评价对象的工作效率和工作条件的改善起到促进作用。评价方法基本采用定址分析。

（四）按照评价的目的分类

1. 奖惩性评价

奖惩性评价又称"绩效管理型评价""行政管理型评价"或"责任模式"。它形成、发展和盛行于绩效评价的传统时期，即20世纪初至20世纪80年代中期奖惩性评价以加强绩效管理为目的，根据对组织成员的评价结果，做出解聘、晋级、增加奖金等决定奖惩性评价是一种比较典型的终结性评价。它重视评价的结果，却较少关注专业发展的过程，这也正是许多组织和个人不推崇奖惩性评价的重要原因。

2. 发展性评价

发展性评价又称"专业发展性评价"或"专业发展模式"。它始于20世纪80年代中期，首先出现在英国、美国、日本等国家，20世纪90年代中期开始传入中国。发展性评价以促进组织和个人的专业发展为目的，在没有奖惩的条件下，通过实施评价达到个人与组织共同发展的双赢局面。发展性评价是一种形成性评价，或者说是一种兼具形成性评价和终结性评价特点的评价。它关注评价的结果，更关注专业发展的过程，其优势在于：①使评价对象不断取得专业发展的机会；②充分反映评价对象专业发展的过程、特点、进步、成就、经验和教训；③使评价对象在评价过程中及时得到反馈信息；砌价对象参与评价的整个过程，获得了评价的知情权、发展权和决策权，充分了解评价的目的、标准和步骤，从而减少对评价的抵触心理；⑤专业发展是一个长期过程，绩效评价同样是一个周而复始的长期过程。

三、绩效评价的作用

传统的绩效评价理论认为，绩效评价的基本任务是保持人与事的科学结合，保障共事的人密切配合以达到提高工作效率的目的；只有进行绩效评价才能"知人""知事"，只有进行绩效评价才能了解人与事是否实现了科学的结合，没有绩效评价就没有人力资源管理。因此，人们常常把绩效评价的目的仅限于人力资源管理领域。近些年来，随着竞争的不断加剧及组织管理需求的不断增长，各类组织越来越希望通过绩效评价来促进组织和个人的发展，期待绩效评价在推动组织成员完成具体工作的同时，确保组织战略发展目标的实现。因此，绩效评价的作用是多重的。

（一）绩效评价是组织实现战略目标的重要手段

发展战略是对未来结果的一种期望，这种期望要求组织内所有成员按一定的职责和绩效要求为导向，通过发挥能动性和创造性来实现。因此，绩效评价已成为组织战略管理控制系统中不可或缺的管理工具和手段。从具体的实践中我们不难发现，现代组织管理所推行的绩效评价的作用，远远超出了人力资源管理的领域，许多组织通过绩效评价及相应的管理，在提高组织的核心竞争力、确保组织的短期目标与长期目标紧密相连、实现组织的战略目标等方面都发挥了相当大的作用，通过绩效评价使组织全体成员团结一致，共同实施长期发展战略

由于绩效评价不仅着眼于组织成员个体绩效的提高，还注重组织成员绩效与组织绩效的有机结合，故其最终能实现组织总体效率和效能的提高。因此，为有效实现组织的战略目标，在设计绩效评价方案时，人们最主要考虑的是如何通过绩效评价引导组织成员的行为往组织要求的方向发展，从而使组织成员工作活动与组织战略目标保持一致。其采用的方法往往是通过绩效评价的主体、绩效评价的周期、绩效评价的内容、绩效评价的标准等诸多环节实现对组织成员行为的引导作用。

（二）绩效评价是人力资源管理的重要依据

绩效评价是以充分发挥组织成员的积极性和实现组织目标为目的，对组织成员的表现和绩效进行实事求是的评价，同时也要对组织成员的工作能力和工作适应性进行评价。它是人力资源开发与管理中一项重要的基础性工作，旨在通过科学的方法、原理来评价和测量组织成员的工作行为和工作效能对于组织而言，如果能够准确地评价组织成员的绩效，就不仅能掌握员工对组织的贡献的大小，还可以在整体上为人力资源的开发和管理提供有价值的依据。

通过绩效评价，组织的管理者和人力资源部门可以及时、准确地获得成员的

工作信息，通过对这些信息的整理和分析，对组织的招聘制度、选择方式、激励政策及培训制度等一系列管理政策的效果进行评价，以便及时发现政策的不足，进而为改进组织政策提供有效的依据；另外，对这些信息的整理和分析，还可以为组织成员的晋升、降职、调职和离职等提供依据，为组织成员的薪酬制度提供决策参考。绩效评价是公开的，其行为与结果必须获得组织成员的认同，因而，组织做决策以它为依据是有说服力的。

（三）绩效评价是增强沟通的重要桥梁

绩效评价是上级与下级、组织与个人之间就工作职责和提高工作绩效问题持续进行沟通的过程。沟通是绩效评价的重要环节，它指的是评价者和评价对象面对面地对评价结果进行讨论，并指出评价对象的优点、缺点和需要改进之处，且给予对方说明的机会。

评价沟通为上级和下级之间、组织与个人之间创造了一个正式的沟通机会。管理者利用这次沟通机会，可以及时了解评价对象的实际情况及深层次的原因；评价对象可以借此了解管理者的思路和计划。评价沟通促进了上级和下级之间、组织与个人之间的了解和信任，提高了管理的透明度和工作效率

（四）绩效评价是激励发展的重要途径

每个组织和个人都希望自己能够不断发展和进步，组织的战略发展目标和个人的职业生涯规划为组织和个人的发展指明了方向，但是仅有目标而缺乏引导是不够的。绩效评价就是这样一个导航器，它可以让组织和个人清楚自己需要改进的地方，明确自己前进的方向。

同时，通过绩效评价，组织和个人可以了解上级主管部门和相关组织的期望，知晓自己的差距。虽然他们可能经常见面，并且经常谈论一些工作计划和任务，但是组织或个人还是很难清楚地了解上级主管部门或相关组织对自己的评价和期望。绩效评价是一种正规的对组织或个人进行周期性评价的系统，其评价结果是公开的。组织或个人通过绩效评价有机会知晓自己的不足，可以防止相关组织和个人不正确地估计自己的成绩和贡献，减少不必要的抱怨。对于个人而言，通过绩效评价，能够获得参与目标设定的机会，获得对能力及行为的反馈，从而不断学习和进步；能够获得讨论和规划个人发展及职业生涯的机会，增强认同感和成就感，从而激发个人发展的潜力。

四、绩效评价的原则

（一）目标一致性原则

目标一致性是指绩效评价的目标要与组织发展的战略、组织发展的目标和组

织文化尽可能地保持一致,绩效评价的目标是通过提高组织和个人的工作绩效来提高整体的绩效,以最大限度地实现组织的战略目标。因此,绩效评价与组织的发展战略应该一致。

由于不同的组织有不同的战略,同一组织在不同的发展阶段也有不同的战略,因此在实施绩效评价时,必须明确组织的战略目标和发展计划。同时,任何一个绩效评价体系都是在一定的组织环境和文化特点下进行的,故绩效评价实施过程中,应对组织目标和组织文化等因素进行分析和判断,具体说来就是评价组织文化、组织管理制度和政策,现有的绩效评价活动等与人力资源管理政策匹配的情况和薪酬制度的情况。

(二) 指标明确性原则

指标明确性是指绩效评价指标能在很大程度上为组织成员提供明确的指导,告诉他们组织对他们的期望,并使他们了解如何才能实现这些期望和要求。为了实现绩效评价的战略目的,评价者应该让组织成员正确领会绩效评价体系所要传达的信息。同时,在绩效评价过程中,如果组织成员不能确切地了解自己的绩效表现有何问题,那他就无法进行绩效改进了。在实践中,很多组织之所以对绩效评价体系的明确性没有足够的重视,是因为它们往往只是将绩效评价作为计算薪酬的手段,造成人们只关心最后评出的绩效等级,以及绩效等级与薪酬之间的换算公式。因此,在绩效评价的运行过程中,绩效评价的明确性要求组织成员能够得到明确的信息,以使他们更好地实现预期的绩效目标,从而使绩效评价达到预期的目的。

(三) 区别对待原则

绩效评价的对象是组织或个人即便同为组织,类型也不尽相同;同为个人,能级也有所差别。因此,在绩效评价中,对不同类型的组织和不同能级的个人应采取不同的评价标准。这样做的目的是区别对待参加评价的组织和个人,客观地评价其贡献和才能,以便及时肯定成绩、发现问题。采用区别对待的评价原则能够使组织或个人在同一层级的评价中,及时了解自己的优势和不足,从而坚定信心,把握正确的发展方向。

(四) 可接受性原则

可接受性是指绩效评价行为和结果为评价对象所接受的程度绩效评价的模式很多,但是再科学的绩效评价模式如果不能被使用它的人接受,就不能发挥其应有的作用。因此,绩效评价要尽可能地做到以下两点:①客观与公正绩效评价只有体现客观与公正,才能激励组织和个人,才能使评价的结果发挥应有的作用。客观就是实事求是,公正就是不偏不倚它们既体现在评价的过程中,也体现在评价的结果上；②科学与简便。科学与简便就是要求评价从标准确定到评价结果的运用都要符合客观规律，正确运用现代科技手段，准确评价各级各类组织和个人的行为表现。同时，评价的具体操作要简便，以尽可能少的投入达到尽可能好的评价结果。

五、绩效评价的流程

（一）获得领导的支持

绩效评价是组织管理的一个重要环节，仅凭某一职能部门不足以推动整个工作的开展，因此，获得高层管理部门及领导的认同和支持就显得格外重要。相关职能部门的负责人应该主动与高层领导探讨绩效评价的理论、方法和意义，说服高层领导理解和支持绩效评价工作，这样才能在高层领导的支持和主持下开展此项工作。与此同时，绩效评价工作的每一个环节都要及时向高层领导汇报，并通过高层领导的意志将其传达下去，这样才能事半功倍，收到最佳的效果。

（二）制订绩效评价计划

绩效评价计划的制订是绩效评价的重要环节，是绩效评价实施的关键和基础。绩效评价计划的科学合理性，直接影响绩效评价的实施效果。在这个阶段，管理者（评价者）与被评价者的共同参与是进行绩效评价的关键如果仅仅是管理者单方面地布置任务、提出要求，被评价者单纯地接受安排，绩效评价就失去了协作的意义。

（三）确立绩效评价指标

有了明确的绩效评价计划之后，便要根据计划来确立评价的指标体系。指标体系的确立可以使组织和个人了解行业或组织的发展战略，为日后的发展提供指引。绩效评价的指标一般分为客观标准和主观标准。客观标准也称硬指标，如人员配置的具体情况、经费投入的多少、学历层次和学院结构等以客观现实为依据。主观标准也称软指标，在评价的时候具有一定的灵活选择。当然，针对不同类型的组织和个人，绩效评价指标的确立应有不同层级的标准，要区别对待。

（四）加强绩效评价宣传和沟通

绩效评价工作不仅要取得高层领导及部门的认同和支持，还要取得具体评价对象的理解和支持。因此，加强对绩效评价工作的宣传，促进管理者与评价对象的沟通，是做好绩效评价工作的重要措施。具体来说，既可以通过内刊、宣传栏、网络等媒体平台，也可以通过谈话、交流等手段，对绩效评价的标准、方法和意义等进行宣传和沟通，为绩效评价的推进建立坚实的群众基础，从而保证绩效评价工作的顺利开展。

（五）培训专业的绩效评价人员

好的绩效评价方法和手段必须由高素质的管理者来组织实施，因此，对评价人员进行专业培训是绩效评价顺利进行的重要保障。培训的目的是让参与评价的管理人员树立科学的绩效评价理念，熟练掌握绩效评价的流程、方法和技巧，准确把握绩效评价的标准，客观、公正地开展绩效评价工作。

（六）实施绩效评价

绩效评价是一个按事先确定的工作目标及衡量标准，评价组织或个人实际完成的绩效情况的过程。绩效评价包括工作结果评价和工作行为评价两个方面。其中，工作结果评价是对绩效周期内组织或个人对工作目标实现程度的测量和评价；工作行为评价则是针对组织或个人在绩效周期内表现出来的具体的行为态度进行评价。同时，在绩效实施过程中，所收集到的能够说明被评价者绩效表现的数据和事实，也可以作为判断被评价者是否达到关键绩效指标要求的依据。

（七）分析绩效评价的数据和信息

在绩效评价的实施阶段，无论是组织整体还是组织成员，都会产生大量的数据和信息。这些数据和信息既可能涉及评价指标，也可能涉及组织或个人的绩效表现和绩效结果。因此，各级管理者需要定期或不定期地采集和分析这些数据和信息，以便为绩效评价提供准确、翔实和可靠的数据资料。

（八）进行评价的反馈与面谈

绩效评价不是为绩效评价打出一个分数就了事，管理者还需要与评价对象进行一次甚至多次面对面的沟通和交流。通过绩效评价的反馈与面谈，使组织和个人了解管理者对自己的期望，了解自己的绩效状况，认识自己的优势与不足，并且被评价的组织和个人也可以对绩效评价的结果提出申诉和说明，指出自己在实现绩效目标过程中遇到的困难，以期得到相应管理部门的理解和支持。

（九）绩效评价结果的应用

得出绩效评价结果既不是最终目的，也不意味着绩效评价流程的结束。在绩效评价中获得的大量有用的信息和结论必须运用到组织管理的各项活动中，例如，根据绩效评价的结果，适时调整人员方面的相关决策，如任用、晋级、加薪；对照绩效评价的指标，检查组织管理的各项政策，如人员配置、人员培训等是否达标，还存在哪些问题，以便及时改正；根据绩效评价的实际情况，帮助相关组织和个人找出问题，明确今后发展的方向，并借此制订合理的组织培训计划和人才发展规划。

（十）绩效评价的总结和改进

绩效评价是一个循环往复的过程，每一次绩效评价的结束都是下一次绩效评价的开始。因此，绩效评价的结果出来之后，我们不能仅满足于本次结果的应用，还应该全面总结绩效评价全过程的得失，以便更好地改进和提高今后的绩效评价工作。这其中包括指标体系的修订和评价程序的改进，例如，根据绩效评价的接受度，结合绩效评价对象的实际情况，修订那些不切实际的指标体系；根据绩效评价的实际操作情况，简化和修改评价的程序，使其更符合实际的需要。

六、绩效评价的内容

实践中，评价对象的性质不同，绩效评价的内容也不同。一般说来，评价的内容取决于评价的目的，没有目的的评价是没有价值的。由于绩效评价的对象、目的、范围复杂多样，因此绩效评价的内容也不同。具体来说，我们可以从两个方面进行划分。

（一）基于组织的绩效评价

绩效评价不仅包括组织对个人的评价，还包括上级主管部门对下级组织的评价。由于对二者的评价视角不同，因此评价内容也不同。对组织的评价主要表现在四个方面。

第一，领导体制建设评价。一个组织的建设情况如何，首先要看的是领导体制的建设是否到位。上级主管部门制定的发展战略和布置的具体工作是否得到有效地贯彻和落实，首先要看的是领导对这一层面的认识、理解、支持，以及，执行力。因此，对组织进行绩效评价，首先要在是否具备明确的发展目标、是否具有科学的发展规划和实施计划、是否建立相关的领导体制（如专门的领导负责人、专门的领导机构、组织定期的联席会议）等方面进行评价，这是对组织进行绩效评价的基础工作。

第二，规章制度建设评价。一个组织的建设和发展，应该立足于长效机制的建设，着眼于未来的发展。因此，建立相应的规章制度，以此规范各级职能部门及相关人员的行为举止，使这些规章制度不因领导人的改变而改变，不因领导人的看法和注意力的改变而改变，就显得十分有必要了。这些规章制度的建立必须与组织的长效机制的建设有机结合，必须与组织未来的发展战略相适应。主要内容应该包括：组织发展的战略规划、队伍建设的规章制度（如选聘制度、管理制度、培训制度、人才流动制度等）、条件保障的规章制度（如物质保障制度、职称评定成职务晋升制度、评优与奖励制度等）。

第三，专业队伍建设评价。队伍建设是组织发展的关键因素。一个组织的战斗力如何，关键看它是否具有一支稳定的高素质的专业队伍。因此，对组织进行绩效评价的重要内容之一，是对其队伍建设情况进行评价。主要内容包括：队伍的结构（学历层次、学缘结构、年龄结构、职称结构等）、工作状况（岗位配置情况、队伍稳定情况、工作经验、评优情况等）、培训发展（岗前上岗培训情况、获得的各类专业资格情况、科研成果情况等）、基本评价（个人的自我认可度、来自不同层面的评价等）。

第四，工作目标落实评价。对组织进行绩效评价，离不开对组织成员进行绩效评价。组织成员贯彻执行各项规章制度，具体落实组织安排的各项工作任务所取得的成绩，是组织绩效的重要组成部分。也就是说，我们在对组织进行绩效评价的时候，不仅要看其体制、机制、规章制度，以及队伍建设的基本情况，也要看这个组织对上级要求的各项工作及该组织日常工作的执行和完成情况。这其中，既要对工作结果进行评价，也要对工作过程进行评价；既要对工作的执行力进行评价，也要对工作的创造性进行评价。

（二）基于个人的绩效评价

第一，个人品德评价。对品德的评价是个人绩效评价因素结构中的主要内容。品德即道德修养，是人的精神境界、道德品质和思想追求的综合体现，决定着一个人的行为方面，即为什么而做。品德的标准不是抽象的和一成不变的，不同的时代、不同的行业和不同的层次对品德的要求不同。

在实际工作中，许多细微的表现，如是否尊重他人、善于和他人共事合作，是否遵纪守法、维护公共利益，是否信守诺言、言行一致，是否廉洁自律、艰苦朴素，都是个人品德评价的重要内容。

第二，工作态度评价。工作态度主要体现在个人的日常工作表现上，如工作的积极性、主动性、创造性、能力程度，以及出勤率等。对工作态度的评价不仅要有量的评价，如出勤、缺勤率，也要有质的评价，即是否以满腔的热情，积极、主动地投入工作。

通常人们认为，能力越强，业绩越好。但是，现实情况往往不是如此，能力强的人可能由于种种原因并不能取得相应的成绩，能力较弱的人可能由于工作态度积极而取得较好的成绩，两种不同的工作方式，就产生了两种截然不同的工作结果，其中关键因素就是工作态度。因此，绩效评价还要对个人的工作态度进行评价，从而引导个人改善工作态度，增强工作热情，最大限度地创造优异的工作业绩。

第三，工作能力评价。能力是指人的素质在一定条件下的外显。工作能力评价是指对个人在职务工作中发挥出来的能力进行评价。在一些情况下，人们可能由于一些偶然的情况而很好地完成了工作任务。此时，若单纯地评价工作业绩，就能够获得较好的评价。而绩效评价的目的是实现组织和个人更长远的发展目标，单纯地依据业绩进行绩效评价不利于对组织成员进行有效的引导。因此，对工作能力进行评价不仅是一种公平评价的手段，更是人力资源开发的重要途径。

第四，工作业绩评价。工作业绩就是工作的行为表现与实际效果。在组织中，岗位和职责不同的人，工作业绩的评价取点也有所不同。工作业绩评价就是对个人的行为与结果进行评价匚结果可能有效，也可能无效，行为结果的有效性是针对组织的发展目的而言的，所以，业绩往往被认为是有效的结果，故而又被称为业绩、绩效等。同样，业绩对目的而言，又被认为是一种"贡献"和"价值"，业绩的大小，被认为是对组织的贡献和价值的大小。

工作业绩评价对于个人而言是非常重要的，因为每一个人都希望自己的工作业绩能够得到承认，都需要通过业绩评价的结果客观准确地反映出自己的贡献值和价值度。

第二节 绩效评价的方法与技术

高校辅导员工作绩效评价的方法和技术是体现绩效评价理念与原则的载体，其选择和运用是否合理、是否科学都会直接影响绩效评价目标能否实现及绩效评价工作的效果。

一、高校辅导员工作系统的绩效评价方法与技术

（一）360度绩效评价

360度绩效评价是指从与高校辅导员发生工作关系的多方主体那里获得评价对象的信息，以此对评价对象进行全方位、多维度的绩效评价的过程。这些信息的来源包括：来自上级领导的自上而下的评价、来自下属的自下而上的评价、来自平级同事的评价、来自高校内部相关部门教职员工的评价、来自高校内部学生的评价、来自高校辅导员组织或个人的自我评价。

1.360度绩效评价的优点

第一，它能增强绩效评价的全面性和综合性。多渠道、多角度获得绩效评价的信息，打破了传统的由上级评价下级的一言堂的做法，避免了在传统评价中经常出现的光环效应、个人偏见、评价盲点等现象。从多个评价者那里获得对同一个评价对象的不同的评价信息，可以增强高校辅导员的自我发展意识，增强高校辅导员的自主性和对工作的控制力。通过评价，高校辅导员的积极性会更高，对

组织会更忠诚，从而提高高校辅导员的工作能力和工作满意度。

第二，它能提高绩效评价的公正性和合理性。对于某些工作而言，有时上级与下属相处的时间和沟通的机会不多，而下属之间的交往较多。在这种情况下，上级要客观、准确地对下属进行绩效评价就非常困难。相反，由于下属之间交往的时间较长，沟通的机会较多，彼此之间的了解也就比较全面。因此，下属之间的相互评价，才更客观、更公正。

第三，它能促进绩效评价的发展性。360度绩效评价在高校辅导员工作绩效评价中的应用，促进了高校辅导员队伍内部各要素之间的联动，加强了高校辅导员队伍内部组织之间与个人之间的相互联系和沟通，通过相互之间的评价活动，高校辅导员组织或个人能更准确地了解自身的优势与不足，从而对照评价标准，向优秀单位或个人学习，取长补短，以利于今后的发展。通过全方位地参与高校辅导员工作绩效评价，高校辅导员组织或个人将更加了解绩效评价的标准和组织的发展目标，从而推进高校辅导员工作的可持续发展。

2. 360度绩效评价的缺点

任何事物都有两面性，360度绩效评价具有上述优点，但也存在一些不足。

第一，绩效评价的成本较高，工作难度大。当某一组织或个人对多个组织或个人进行评价时，时间耗费多，成本投入大，来自各方面的评价信息可能会发生冲突，综合处理这些信息时难度较大，其结果势必影响高校辅导员参与评价的积极性，进而出现敷衍了事的现象。

第二，某些高校辅导员可能会把评价工作当成泄愤的途径。由于不能正确对待上级领导及同事的批评与建议，某些高校辅导员将工作问题上升为个人的情绪发泄问题，利用评价的机会"公报私仇"，或者利用高校辅导员组织或个人之间的亲疏关系，相互串通起来作弊

3. 360度绩效评价的应用方法

针对上述优点和缺点，高校辅导员工作绩效评价在应用360度绩效评价法时，应注意以下问题。

第一，评价工作必须获得上级领导的支持。360度绩效评价法涉及组织中各个层面的人，甚至可能包括组织外部的人员。因此，只有获得上级领导的全面支持，该评价方法才有可能顺利地开展起来，评价过程中出现的各种问题才能及时有效地得以解决。

第二，评价工作应该匿名进行。在高校辅导员工作绩效评价过程中，上级对下级的评价无法实现保密，其他几种类型的评价最好采取匿名的方式，必须严格维护填表人的匿名权及评价结果报告的保密性。实践证明，在匿名评价的方式下，人们往往愿意提供更真实的信息。

第三，实施全员培训，增强绩效评价的责任意识，防止舞弊行为的发生。通过全员培训，使每一位高校辅导员都能准确地把握绩效评价标准，了解组织的发展目标，从而提升评价技能，增强评价者的责任意识，消除评价中的人为因素，尽可能地防止和制止评价中的舞弊行为的发生，保证绩效评价的公正和合理。

（二）目标管理评价法

1. 目标管理评价法的含义

目标管理评价法是一种科学的绩效评价方法。它通过确定目标、制定措施、分解目标、落实措施、安排进度、组织实施绩效评价等手段实现目标的管理。其主要特点是从目标出发，围绕目标的实现制定相关的政策和措施，调动各方面的积极因素，使每个人都为达到自己的目标而主动采取各种行之有效的措施，充分发挥每个人的主观能动性，进而推动组织目标的实现。

2. 目标管理评价法的应用

目标管理评价法的实施是一个反复循环、螺旋上升的过程，因而它的基本内容具有一定的周期性。当一个目标实现之后，新的、更高的目标随之产生，在这个周而复始的过程中，组织得到了可持续的发展。

目标管理评价法的关键是制定目标。组织内的最高领导层制订组织发展的长期目标，然后分解目标，逐级落实，即分别为组织、组织内的各部门、各个部门的领导，以及组织内的每一个成员制订具体的工作目标。

3. 目标管理评价法的优势

作为一种绩效评价的方法和技术，目标管理评价法在高校辅导员工作绩效评价中得到了广泛的应用。其主要优势表现如下。

第一，目标明确，有利于调动各方的积极性。目标管理评价法能够使高校辅导员组织的各级主管及其成员明确组织的总目标、组织的结构体系、组织的分工与合作，以及各自的具体任务，从而引导他们最大限度地把时间和精力投入组织目标的实现中去。实践证明，当目标具体而又具有挑战性时，当高校辅导员因完成目标而获得奖励时，这种评价方法的激励作用尤其明显。

第二，提高效率，有利于推动高校辅导员队伍的全面发展。目标管理评价法对于推进高校辅导员队伍建设、保证组织目标的最终实现具有积极的作用，其组织管理的效率明显提高。因为目标管理评价是一种结果式评价，这种评价迫使高校辅导员组织的每一个层次、每一个部门及每一个成员首先考虑目标的实现，并尽力达成目标。当高校辅导员组织的每一个层面、每一个部门及每一个成员的目标完成时，其组织的总目标也就实现了，高校辅导员组织也因此得到了进一步的发展第三,调控有效,有益于形成和谐的局面。目标管理评价法本身也是一种调控的方式,因为目标是上级与下级共同讨论、相互协商后设定的。因此,能够促进高校辅导员组织内部的良性沟通及上级和下级之间的相互联系,有益于形成和谐共赢的局面。同时,当总目标确定并分解好以后,组织高层并不是被动地等待目标的实现,而是要对结果进行控制,对目标经常进行检查,及时修正工作中出现的偏差。从某种意义上讲,一个组织如果有一套明确的、可评价的目标体系,其本身就是控制的最后依据。

4. 目标管理评价法的缺点

当然,目标管理评价法也有一些缺点,并存在诸多潜在的问题,其主要表现如下。

第一,更多地强调短期目标。大多数目标管理评价中的目标是一些短期的目标,即能在每年年底加以测评的目标。因为短期目标比较具体,易于分解和控制,而长远目标比较抽象,难以分解和把握;短期目标容易很快见效,长远目标则不然。所以,在目标管理评价法的实施过程中,组织似乎更多地强调短期目标的实现而对长远目标有所忽视,其成员为了达到短期目标而试图牺牲长远目标,长此以往,会对组织的发展相当不利。

第二,缺乏必要的行为指导。尽管目标管理评价法将高校辅导员的注意力集中在目标上,但它没有具体指出达成目标所要求的行为。这对一些高校辅导员尤其是需要更多指导的新高校辅导员来说是一种缺失。因此,应该为他们增加必要的行为指导,提供相应的"行为步骤",具体指出怎么做才能更好地实现目标。

第三,目标设定比较困难。绩效评价的标准应该因人而异,例如,高校辅导员因工作岗位不同、工作年限不同和工作职级不同,在制订评价标准和工作目标的时候就应有差异。当我们实现这方面的合理性时,有可能忽视了另一方面的合理性,即不同职级的高校辅导员有各自不同的评价标准,使同级之间的高校辅导员绩效评价和比较成为可能,但是这些不同职级的评价标准的设置是否合理?如果不合理,那么不同职级的高校辅导员又将如何进行评价和比较?这都是高校辅导员绩效评价过程中应该考虑的问题,高校辅导员组织的目标有时只能定性地描述,虽然我们尽可能地使其可以址化,并通过目标的设定增加评价工作的操作性,但实际上是很难达到此目的。

第四,目标商定可能会增加管理成本。目标管理评价法中目标的商定需要上下沟通、统一认识,这是非常耗时费力的,并且在确定具体目标时,每个单位、个人多关注自身目标的完成,很可能忽略相互协作和组织目标的实现。同时,部分领导者担心高校辅导员的参与会影响他们的职权,无法实现组织既定的战略目标,所以就不会遵循目标管理评价法的程序,目标管理评价法的有效性就会大打折扣。

（三）关键绩效指标评价法

关键绩效指标评价法在高校辅导员工作绩效评价中的应用，是指在制订高校辅导员工作绩效评价指标时，不是把他们所有的工作内容都事无巨细地全部列为评价内容，而是根据需要从实际出发，选取一些关键的、与组织目标的实现关系比较密切的工作内容作为评价指标，从而使高校辅导员工作重点突出、方向明确，也更能发挥绩效评价对组织目标实现的促进和引导作用。

作为一种绩效评价的方法和技术，我们可以从以下几个方面深入理解关键绩效指标评价法的具体含义。

第一，关键绩效指标是可以量化或可以行为化的用于绩效评价的指标体系。也就是说，作为一种标准化的指标体系，关键绩效指标必须可量化或可行为化，如果无法达到这两个要求，那么就是不符合要求的关键绩效指标。

第二，关键绩效指标是那些对组织战略目标的实现起关键作用的绩效指标，它是连接个体绩效与组织战略目标的桥梁，是组织内部进行绩效沟通的基石，对组织战略目标有增值作用。

关键绩效指标评价法与其他绩效评价法相比，有其自身的优势，主要表现如下：

第一，关键绩效指标评价法中的评价指标是关键，在制订关键绩效指标体系时，根据建立关键绩效指标体系的二八原则，要从众多的评价指标中找出最关键的指标作为绩效评价的指标，这不仅有利于评价者在评价过程中把握关键的评价指标，而且有利于高校辅导员在工作中更好地管理自己的行为。同时，评价指标的简化，有利于提高绩效管理的效率，减少绩效管理的成本，从而增强高校的核心竞争力。

第二，关键绩效指标评价法中的评价指标是动态的，关键绩效指标的设立是根据高校辅导员队伍建设的实际情况、管理水平的变化而不断变化的。当一项工作经过努力达到很好的效果，已经没有上升空间时，它将不再作为关键绩效指标评价的重点，不再对它进行关键绩效指标评价。新的评价重点将转移到其他相对薄弱、有上升空间的指标上。同时，当上级主管部门的工作重点或工作内容有所调整后，高校辅导员工作的关键绩效指标体系也应该随之进行调整。通过关键绩效指标体系的牵引，个人目标与组织目标之间保持一致，从而保证高校辅导员工作的持续发展。

关键绩效指标评价法是一种先进的绩效评价方法，但我们在实际应用中还应该注意以下问题。

第一，不同的高校辅导员岗位应该设立不同的关键绩效指标。高校辅导员由于工作的岗位不同，工作的内容和重点就会有区别，在设定关键绩效指标时就必须区别开来。一般说来，高校的校级领导者应对高校辅导员组织的战略发展目标负责，中层领导（如二级学院学生工作负责人）要重点保证高校辅导员队伍正常、高效地运作，而一线高校辅导员的工作重心是完成其承担的各种具体指标。

第二，关键绩效指标的设立应该与高校辅导员工作的发展目标保持一致。关键绩效指标设定之后，应该具有一定的稳定性，不要轻易更改，否则，整个关键绩效指标体系的运作将失去连续性和可比性。通常情况下，一个合理的关键绩效指标评价体系至少在一个学年里保持不变。但是，随着上级主管部门或高校自身阶段性目标和工作重点的变化，原来设定的关键绩效指标体系也会随之改变。因此，关键绩效指标存在阶段性、可变性或权重的可变性。如果关键绩效指标与高校辅导员工作的发展目标脱离，它所牵引的高校辅导员组织或个人的努力方向就会出现偏差。关键绩效指标与实际工作不对应是绩效评价流于形式的一个重要原因。

二、高校辅导员工作非系统的绩效评价方法与技术

非系统的绩效评价方法和技术很多，但不外乎两种：直接评价式和间接评价式。直接评价式比较适合评价可见性强、事件感强的工作，如工作结果、工作行为；间接评价式比较适合评价可见性和事件感均不强的工作，如工作态度、工作能力。前者的优点是客观性强、精确度高，缺点是无法准确地反映出工作的潜能，而后者则相反。在实际工作中，以上两种方法和技术常常结合使用，以求最大限度地发挥各自的优势。

（一）书面评价法

书面评价法又称报告法，是利用书面形式对自己的工作进行总结及评价，是高校辅导员工作绩效评价中比较常用的一种方法。这种方法多适用于高校辅导员组织或个人的自我评价，并且测评的对象不宜太多。

书面评价法要求高校辅导员组织或个人以文字的形式，认真总结过去一段时期内工作上取得的成绩和存在的不足，并对今后的发展提出建设性的意见和建议。这种方法更适合用于自我评价，通过对组织或个人的工作结果、工作行为、工作态度的总结，让评价对象主动地对工作情况进行反省、评价。

书面评价法虽然常用，但存在很多局限性：一是对高校辅导员组织或个人进行全面系统的总结太费时，且最终评价结果易受到总结报告的写作技巧和表达风格的影响，有时不能准确、客观地反映出高校辅导员组织和个人的实际工作情况；

二是评价的方法过于主观，有时甚至出现书面总结的重点与绩效评价的重点相差甚远的情况，从而影响评价结果的客观性。书面评价法经常与其他评价方法一起使用，其优势在于可以提供一些其他方法所不能提供的描述性信息。

（二）排序评价法

排序评价法又称排列法，是绩效评价中比较简单易行的一种综合比较的方法和技术。它通常是对限定范围内的高校辅导员组织或个人，按照某些评价指标的表现从绩效最好地到最差的进行排序的绩效评价方法和技术。大多数的绩效评价方法和技术都以分数来表明评价对象的工作绩效，但排序评价法不同，它是通过将评价对象的绩效与其他组织或个人的绩效进行对比，将所有的评价对象排出一定的顺序来评价高校辅导员工作的。换句话说，排序评价法主要是为了比较，而不是为了评分。

排序的方法有多种，主要包括简单排序法、交错排序法、强制分布法等。

简单排序法是指把评价对象的工作绩效按照优劣排列名次，从最好的一直排到最差的。简单排序法的敢点是选择排序的指标，这个指标的选择是高校辅导员工作的行为准则和努力的方向。它是评价对象之间的相互对比，目标明确，操作简单，易于理解和执行。这种方法的主要问题是，当评价对象的绩效水平相近时难以进行准确的排序。

交错排序法又叫选择排序法，是选择法的一种演变。交错排序法利用人们容易发现最好和最差两个极端而不易发现中间的心理，首先在评价对象中选出最好的组织或个人，然后再选出最差的组织或个人，将他们分别列为第一名和最后一名；接着在余下的组织或个人里再找出最好的和最差的，将他们分别列为第二名和倒数第二名；依此类推，直到全部排完为止。交错排序法是一种适用于对性质相同的高校辅导员组织或个人进行评价的方法和技术。其优点是速度快，但仅限于相同的工作岗位，而且评价对象的数量不宜过多。

强制分布法就是按照一定的百分比，将评价对象强制分配到某个类列中的评价方法。如可将评价结果设定为五个等级：优秀、良好、一般、较差、极差，分别设定为10%、20%、40%、20%、10%。评价时按照比例进行，将每个评价对象按照工作绩效强制列入某个等级。这种方法简单易行，成本低，可以避免评价者评价过宽或评价过严产生的偏差，有利于对高校辅导员队伍的管理和控制。特别是在引入高校辅导员淘汰机制的高校里，它能明确地筛选出淘汰对象，由于高校辅导员担心自己因落入绩效最低区间而遭解聘，因此该方法具有强制激励和鞭策功能。当然，它的缺点也非常明显，如果一个高校的高校辅导员都十分优秀，那么强制进行等级划分，可能会带来诸多弊端。

(三) 面谈评价法

面谈评价法广泛用于高校辅导员工作绩效评价的各个环节之中，是绩效评价十分重要的方法。例如，主管高校辅导员工作的领导应定期与高校辅导员面谈，了解高校辅导员的实际工作情况，指导他们准确地把握高校辅导员工作的基本思路和发展战略，帮助他们克服工作中的困难，并及时听取他们的意见和建议；同时，还应该为高校辅导员建立面谈申诉制度，通过经常性的面谈和双向沟通及时解决高校辅导员工作中存在的问题，有利于上级领导直接掌握基层高校辅导员真实的工作情况。

面谈评价法可以用于规定期限内的高校辅导员工作绩效的评价，也可以用于高校辅导员的晋级、晋升等环节的考核。采用这一种方法，可以获取书面总结（报告）等评价方法和技术无法反映出来的相关信息，例如，评价对象的语言表达能力、评价对象的仪态与亲和力。为了减少面谈评价时的主观性，通常有多个评价者（3~5人）同时与评价对象面谈，然后综合众人的评价给出结论评语，有时也可以采取"集体面谈"，即评价者提出某一问题，让几个评价对象展开讨论，各抒己见，评价者对评价对象的表现做出评价，然后综合给出结论性评价。

面谈评价法可以单独使用，但更多的是作为其他绩效评价方法和技术的补充。当它与其他评价方法和技术结合使用时，能更有效地发挥自身的优势。

第三节 绩效评价结果的反馈与应用

高校辅导员工作绩效评价是为了强化高校辅导员队伍的管理，增强彼此之间的沟通和联系，以发展的视角激励高校辅导员不断进步，从而实现高校辅导员队伍建设的战略目标。但是在高校辅导员工作绩效评价的实践中，大部分的管理者只是将绩效评价的结果简单地与高校辅导员的奖惩挂钩，或者例行公事地将绩效评价的结果作为资料束之高阁，很少与高校辅导员组织负责人或高校辅导员个人面对面地反馈、交流，不能最大限度地应用绩效评价的结果，难以实现高校辅导员工作绩效评价的真正价值。

一、高校辅导员工作绩效评价结果反馈与应用的意义

（一）有利于建立沟通的桥梁

在绩效评价的整个过程中，绩效评价结果的反馈与应用是最薄弱、最容易被人忽视的一个环节，且管理部门和评价对象一定程度上也倾向于回避这一过程，主要原因有以下两个。

(1) 在实践中，高校辅导员的评价预期往往比较高，倾向于对自身的绩效做出过高的估计。这是心理学上的正常现象，因为每个人都希望得到别人的肯定与奖赏，会下意识地美化或夸大自己的行为结果。另外，正确而客观地认识自己也绝非一件易事，这样就造成高校辅导员的个人预期与实际的评价结果之间有一定的落差。即使绩效评价结果非常准确、实事求是，也会有不少高校辅导员感到绩效评价结果不尽如人意，远低于自己的预期，产生绩效评价不够公平的想法。因此，对管理者来说，绩效结果反馈是一件尴尬、棘手的事情，由于长期受传统中庸思想的影响，没有人愿意把绩效评价的结果，尤其是较差的评价结果，摆到桌面上来讨论，因为这样不仅会给自己今后的工作带来麻烦，而且可能会让自己成为部分高校辅导员埋怨的对象。

(2) 有相当一部分的高校辅导员对任何形式的评价都很敏感，害怕自己受到不公正的评价，既期望升职、加薪，又担心希望落空，因而一部分高校辅导员对绩效评价有抵触心理，对评价结果也缺乏信任。

事实上，高校辅导员工作绩效评价与高校辅导员组织建设或个人的切身利益相关，因此，评价结果的公正性成为高校辅导员关心的焦点问题也是正常现象。同时，绩效评价过程是管理者实施的行为，不可避免地带有自己的主观意识，评价的公正性也会因此受到质疑，绩效评价结果反馈能较好地解决这个矛盾，它使高校辅导员组织和个人拥有知情权和发言权，通过上、下级之间的反馈和面谈，高校辅导员组织和个人能及时了解上级主管部门对自己的评价结果，并通过一定的程序进行绩效申诉，能有效地降低评价过程中不公正因素带来的负面效应，找到评价者与被评价者之间的平衡点，从而对评价结果达成一致的意见，使高校辅导员管理过程更加和谐、更加有序。

(二) 充分发挥绩效评价的激励作用

根据管理心理学的研究，缺少发展空间、没有职业成就感会让人产生职业倦怠感。实际上，高校辅导员群体的职业成就感普遍偏低，这与高校辅导员发展机制的不健全和职业发展空间受限有很大的关系。因为每个人都有被他人认可的需要，当一个人做出成绩时，他需要得到其他人的承认或肯定。因此，绩效评价结果反馈的一个重要目的就是使高校辅导员组织或个人认识到自己的成就或优点，从而产生积极的激励作用，即通过绩效评价，奖励先进、鞭策落后，从而在高校辅导员队伍中形成良性的竞争机制，达到评价应起的激励效果。特别是当高校辅导员组织或个人接受了评价结果后，评价结果的有效应用，会进一步地激励高校辅导员组织或个人的健康发展。

如果绩效评价过程在得出评价结果时就戛然而止，而不将评价结果应用于实际工作中,不根据实际制定的奖惩机制给予相应的奖惩,久而久之,高校辅导员工作绩效评价就会形成"狼来了"效应,无法引起高校辅导员组织和个人足够的重视。此时,高校辅导员工作绩效评价也就真正地流于形式了。高校辅导员工作绩效评价结果的反馈和应用就很好地解决了这一问题,有助于高校辅导员保持对工作的热情,巩固和提高高校辅导员的职业认同感和责任感。

(三) 有针对性地制订绩效改进计划

高校辅导员是一个不断通过专业发展逐渐走向成熟的职业,需要高校辅导员付出较大的努力,并在个人的工作岗位上不断探索与创新,从而不断完善。高校教师绩效评价的结果包含大量的、与教师职业成长相关的信息,能使教师看到自己的成就与不足,找到或发现成功与失败的原因。高校辅导员作为高校教师的主要组成部分,其绩效评价结果具有相同的功效,即评价结果能给高校辅导员传递这样一个信息:哪些是有效的工作,哪些是无效的工作,从而使高校辅导员养成有步骤地、有意识地采取行动逼近目标的习惯。同时,通过评价过程中信息的及时反馈,高校辅导员能够及时获得各种信息,理性分析自己的工作,客观地认识和评价自己,增强自我认识、自我教育、自我控制、自我提高的能力,不断挖掘各方面的潜力,及时避免工作上的漏洞和失误,更好地实现高校辅导员的个人价值。通常来说,高校辅导员组织或个人希望在评价结果反馈中听到的不仅仅是肯定和表扬,他们更希望上级主管部门中肯地指出有待改进之处。绩效改进就是当评价双方对评价结果达成一致意见后,高校辅导员组织或个人根据评价结果反馈中指出的不足或缺点,有针对性地制订改进计划,并通过双方的沟通,尽可能地获得上级主管部门的支持。

为此,高校要为高校辅导员工作的改进提供政策上的帮助和环境上的支持,不断强化高校辅导员对学生、对学校、对社会高度负责的意识,不断克服工作中的失误和不足,养成自觉矫正偏差、调控行为的良好习惯,从而使高校辅导员的工作不断得到改进和提高。促进高校辅导员队伍的可持续发展是高校辅导员工作绩效评价的最终落脚点,只有这样,每一个高校辅导员组织和个人才能在自己的领域内拥有持久的职业生命力。

(四) 实现发展目标的一致性

高校辅导员队伍建设有两个目标:组织目标和个人目标。组织目标的实现离不开个人的成长,因此,高校不能单方面地要求高校辅导员个人修正自己的价值观念、工作模式等来被动地适应组织,而是要积极地参与到高校辅导员个人的职业生涯规划的制订和管理中来,将高校辅导员个人的发展纳入组织管理的范畴,从而实现高校辅导员个人与组织的共同进步、共同成长。

可以说，高校辅导员组织目标和个人目标一致，能够促进高校辅导员队伍的不断发展和进步，反之则会产生负面影响。在这两者之间，高校辅导员的组织目标占主导地位，这要求高校辅导员的个人目标处于服从地位。如果缺乏积极的评价结果反馈，在现行的高校辅导员工作绩效评价体系中，就会造成高校辅导员对结果存疑的地方既无从申辩说明或进行补充，也无从了解自身表现与组织期里之间吻合的程度。高校辅导员始终不知道自己的哪些行为是组织所期望的，哪些行为是不符合组织目标的，更不用说如何改进自己的工作了。有效的绩效评价结果反馈和应用，可以消除高校辅导员个人目标与组织目标的不一致因素，借助高校辅导员组织的激励手段，促使个人目标朝着组织目标的方向发展，使高校辅导员的组织目标和个人目标达成一致。

（五）保证绩效评价的连贯性

高校辅导员工作绩效评价活动是一个循环往复的过程，一个绩效评价周期的结束，同时也是下一个绩效评价周期的开始，具有稳定性和动态性相结合的特点。高校辅导员工作的待点决定了高校辅导员工作绩效评价必须在保持一定稳定性的基础上，动态调整绩效评价标准、方法、内容等。这就要求实际工作中不能想起时重要，做起来凑合，甚至为了应付相关检查而草率地进行相关评价，这样做会极大地打击高校辅导员的工作热情。因此，一定要认真地进行绩效评价，并及时地将评价结果进行反馈，即上一个绩效评价周期的绩效评价结果的反馈可以与下一个绩效评价周期的绩效评价计划的制订合并在一起进行；上一个绩效评价周期制订的改进计划作为下一个绩效评价周期确定绩效目标的重要参考，这样既能有的放矢地使高校辅导员工作得到改进，也可以使绩效评价活动连贯有序地进行，从而推动高校辅导员工作的可持续发展。

二、高校辅导员工作绩效评价结果的反馈

高校辅导员工作评价结果的反馈是评价信息和评价结果的反馈，是指通过评价者与被评价者之间的沟通，就被评价者在评价周期内的绩效情况进行反馈，在肯定成绩的同时，找出不足并加以改进的过程。

（一）绩效评价结果反馈的原则

高校辅导员工作绩效评价结果的反馈是否顺利进行，能否取得成功，决定着高校辅导员工作绩效评价的结果及其激励、奖励、发展等功能的有效发挥。作为绩效评价结果反馈的实施者，各级主管部门的负责人在绩效评价结果反馈中应把握以下原则。

1. 反馈的时机要科学

高校辅导员工作绩效评价结果的反馈要快速及时，切勿等到评价工作结束很久，或者发现的问题已经恶化之后再进行。发现问题之初的善意提醒会让高校辅导员更乐意接受，如果评价结束后才对发现的问题提出批评，会使高校辅导员产生"为什么不早说"的反感情绪和抵触心理。

绩效评价结果反馈结束的时机也很重要。当高校辅导员工作绩效评价结果反馈的目标已经达到时，就应该及时结束反馈，不要拖延时间。在有的情况下，即使绩效评价结果反馈的目的并没有完全达到，也应该暂时停止反馈，例如，下班时间到了；双方就某一具体问题发生争执，彼此之间的信任关系出现问题；反馈面谈的对象已经显得不耐烦，注意力不集中。在这种情况下，一般要另外约定一个时间继续进行。

2. 反馈的目的要一致

高校辅导员工作绩效评价结果的反馈要取得良好的效果，就必须使双方具有一致的反馈目的。可以想象，如果双方各怀目的，那么绩效评价结果的反馈面谈就不会朝着一致的方向进行。因此，在反馈开始时，主管绩效评价结果反馈面谈的负责人一定要清楚地说明面谈的目的，要让对方从一开始就明确反馈的目的，从而使双方围绕共同的目的求同存异。

反馈的过程虽然更多的是对过去的工作绩效的回顾和评价，但任何对过去绩效的反馈和讨论都应着眼于未来，因为最终的目标是追求可持续发展。高校辅导员工作绩效评价结果反馈的目的并不是要对评价对象"盖棺定论"，而是更好地改进高校辅导员组织或个人的工作。对于绩效评价结果反馈中提出的问题，双方要共同研究问题产生的原因，在正确归因的基础上对症下药，落实绩效改进计划。

3. 反馈的氛围要和谐

高校辅导员工作绩效评价的结果与高校辅导员的奖惩挂钩，加上反馈面谈双方属于隶属关系，这势必使高校辅导员在反馈面谈中产生戒备、抵触甚至反抗的情绪。因此，营造一个和谐的反馈氛围、建立并维持彼此的信任关系显得尤其重要。基于这样一种认识，在绩效评价结果反馈过程中，主管人员要鼓励高校辅导员多说话，让他们充分表达自己的观点，要多倾听高校辅导员的想法和建议，尊重对方的意见。主管人员还要帮助高校辅导员认识到绩效评价不是找毛病，而是帮助他们找出过去工作中存在的不足，是为了总结经验，以便今后更好地工作。

由于绩效评价结果反馈的过程中，可能出现不同见解，双方发生争执也属正常现象，此时主管人员应该尽量避免出现激烈的冲突。正确的做法是：主管人员要向高校辅导员讲清原则与事实，多站在高校辅导员的角度考虑问题，设身处地地为高校辅导员着想；要勇于承认自己的错误和过失，努力赢得高校辅导员的理解和信任，只有这样，才能取得双赢的结果。

4. 反馈的内容要具体

高校辅导员工作绩效评价结果的反馈要直接具体，不能过于抽象或仅给出一般性的评价。对于主管部门的负责人来说，反馈的内容无论是表扬还是批评，都应该是具体的、客观的结果，要让高校辅导员明白哪些地方做得好，哪些地方还存在缺点和不足。如果高校辅导员对绩效评价结果有不满意的地方，要允许他们以具体的事实为依据，向主管人员提出申诉或解释。只有这样，绩效评价结果的反馈才有效。

另外，高校辅导员工作绩效评价结果的反馈涉及工作绩效，是高校辅导员具体工作的实际表现，尽可能不要涉及高校辅导员的个人隐私。因此，绩效评价结果的反馈应该对事不对人，其出发点是"事"，着眼点是"事"，落脚点也是"事"。

（二）绩效评价结果反馈的具体实施

高校辅导员工作绩效评价结果的反馈应围绕上一个绩效周期的工作来展开，其主要实施过程应包括以下六个步骤。

1. 说明反馈的目的

在开始进行高校辅导员工作绩效评价结果反馈之前，一定要向高校辅导员说明本次反馈的主要目的，避免出现不必要的猜疑。总的来说，绩效评价结果反馈的目的是让高校辅导员组织或个人清楚地知道自己在本绩效评价周期内的工作绩效是否达到既定目标的要求，行为态度是否合格，并尽可能地使评价双方对结果达成一致的意见。同时，针对反馈中提到的缺点和不足，制订具体的改进措施，从而为下一个周期的绩效评价提供有价值的参考意见。

2. 告知评价结果

高校辅导员工作绩效评价结果反馈的关键，是将绩效评价的结果告诉高校辅导员，主要内容包括工作业绩和行为表现。工作业绩综合完成情况是主管人员进行反馈面谈时最重要的内容，在反馈面谈时应该将工作业绩的评价结果及时反馈给高校辅导员组织或个人。反馈面谈时，主管人员要先告知对方的成绩，提出必要的表扬，然后告知对方工作中存在的缺点和不足，以及需要改进的工作内容。除了反馈工作业绩，主管人员还应关注高校辅导员的行为表现，如工作态度、工作能力。对于高校辅导员在工作中做出的努力和表现出的潜力，主管人员要给予积极的鼓励和肯定。对工作态度和工作能力的关注可以帮助高校辅导员更好地完善自己，实现高校辅导员工作的可持续发展。

3. 听取评价对象述职

高校辅导员工作绩效评价结果的反馈是一个双向沟通的过程，主管人员要鼓励高校辅导员多发言，要允许高校辅导员组织负责人或高校辅导员个人有充分的时间针对评价结果陈述自己的理由和意见。在评高校辅导员述职的过程中，主管人员要注意倾听，要站在高校辅导员的立场思考问题，鼓励高校辅导员将真实的想法说出来，这样才能最大限度地消除双方之间的分歧，实现双赢。

4. 提出改进的措施

通过绩效评价结果反馈和高校辅导员述职，双方对绩效评价结果中反馈的缺点和不足基本达成一致的认识。在这里，找出问题固然重要，更重要的是通过双方的沟通和讨论，找出问题的症结，提出具体的改进措施。

如果改进措施完全由主管人员提出，高校辅导员可能难以接受。即便主管人员提出的措施确实不错，但只有让高校辅导员相信，得到高校辅导员认可的措施才行之有效。这就要求主管人员在绩效评价结果反馈过程中一定要与高校辅导员认真讨论改进措施，要尽可能地说服对方接受自己提出的合理的改进措施。对于高校辅导员提出的更有效的办法，主管人员要虚心听取，积极吸纳，从而使改进措施更合理、完善。

5. 制订新的目标

高校辅导员工作绩效评价是一个动态、持续的过程，每一个绩效评价周期的结束，往往意味着下一个评价周期的开始。因此，评价工作的主管人员应该在这个环节结合上一个绩效周期的计划完成情况，结合高校辅导员新的工作任务，与高校辅导员共同讨论并提出下一个绩效周期的工作目标，这实际上是帮助高校辅导员组织或个人一起制订新的绩效计划。

6. 结束反馈面谈

当新的目标确定之后，绩效评价结果反馈就进入了最后一个步骤，即双方对结果反馈基本达成共识，对今后一个时期的工作或新的目标加以确定，意味着反馈面谈结束。在这一过程中，主管人员要对反馈面谈做简要的总结，以一种积极的方式结束反馈。同时，主管人员要将本次反馈面谈的各种相关资料认真整理归档，并在此基础上形成相应的总结报告，将报告提交给上级主管部门或直接向有关负责人汇报，为绩效评价结果的最终应用提供翔实的资料信息。

三、高校辅导员工作绩效评价结果的应用

高校辅导员工作绩效评价结果的应用是整个绩效评价工作的最后一环，它体现着绩效评价工作本身的价值，对推动高校辅导员工作的可持续发展起着关键的作用。

（一）绩效评价结果应用的原则

高校辅导员工作绩效评价结果反馈完成之后，接下来要进行的就是上级主管部门对绩效评价结果的应用，并以此来实现高校辅导员组织或个人的发展目标。绩效评价结果应用的原则主要有以下三个。

1. 保证高校辅导员个人发展的需要

高校辅导员工作绩效评价的根本目的是调动高校辅导员工作的积极性，在实现高校辅导员个人发展的同时，推动整个高校辅导员队伍的可持续发展。针对高校辅导员工作绩效评价过程中发现的问题，主管人员不能简单地予以批评和惩罚，而应该本着有利于个人发展、有利于事业进步的态度，诚恳地采取能让高校辅导员接受的方式，使高校辅导员了解自己的缺点和不足，并在此基础上，共同分析问题产生的原因，从而明确自己努力的方向，制订改进工作的具体措施，促进个人的发展。

2. 推动高校辅导员组织与个人的共同发展

高校辅导员队伍的发展离不开高校辅导员个体的进步。但是，高校辅导员组织不能单方面地要求高校辅导员修正自己的行为和价值观等来满足组织的需要，而是要参与到高校辅导员个人职业生涯规划的制订和管理中，将高校辅导员个人的发展纳入组织管理，从而使高校辅导员组织与个人共同发展。

因此，上级主管部门在评价高校辅导员工作绩效时，一定要将评价高校辅导员个人的绩效与高校辅导员所在各级组织的绩效结合起来，这样就可以避免个人英雄主义，增强个体的团队意识和全局观念，使高校辅导员意识到个人的高绩效与组织的高绩效紧密相关，从而将个人的进步与组织的成长联系在一起，进而明白个人的目标和组织的目标不可分离。只有个人在组织目标的实现中做出贡献，才能在组织的发展中实现个人的发展。同时，高校辅导员个人的发展是高校辅导员组织发展的基础，没有个性，就形不成共性；没有高校辅导员个人的进步和成长，就没有高校辅导员组织的发展，高校辅导员队伍建设和发展的战略目标也就无从实现。因此，无论是对高校辅导员组织的评价还是对高校辅导员个人的评价，都不能孤立地进行，只有当二者的共同目标有机结合时，才能实现共同的发展。

3. 为高校辅导员队伍管理提供科学的依据

高校辅导员队伍管理属于人力资源管理的重要范畴，公正、客观和有效的高校辅导员工作绩效评价结果，可以为上级主管部门和高校对高校辅导员的合理使用、培养、调整、薪酬发放、职务晋升、职称评聘等提供科学的依据，从而规范和强化高校辅导员的职责和行为，推动高校人事工作的开展，不断强化高校辅导员的选聘、留用、培训、考核、晋升、奖惩的政策导向，建立完善的竞争机制、激励机制和淘汰机制。

（二）绩效评价结果的具体应用

1. 具体落实绩效改进措施

在高校辅导员工作绩效评价结果反馈的过程中，主管人员针对高校辅导员存在的缺点和不足，经过评价双方的讨论和分析，制定了相应的绩效改进措施和计划。至此，绩效评价工作并未完全结束，因为与之相关的还有更重要的工作程序，即绩效改进措施的落实。

高校辅导员工作绩效评价工作在完成绩效评价结果反馈之后，应该预留出必要的时间，指导和帮助高校辅导员按照绩效改进计划具体落实绩效改进措施，然后根据绩效改进的具体情况做出相应的评价。这一评价是整个绩效评价周期的重要组成部分，是坚持以评促改、以评促建、评建结合、重在建设的评估原则的体现。当然，并不是所有的绩效改进都能够在这一期间完成。对于那些在短期内无法完成的绩效改进任务，我们有必要将其延伸到下一个绩效周期的工作中，并在下一个绩效周期中对其改进效果做出相应的评价。绩效的改进要想取得预期的效果，关键要抓住以下三个重点。

第一，要尽可能地提高高校辅导员对绩效改进的采纳率。这里所讲的采纳率是指高校辅导员对绩效改进措施的认同、接受与应用的程度，采纳不只是点头同意，也不只是在绩效结果反馈表上签字，而是必须让高校辅导员心悦诚服、真正接受，其态度和行为都要随之发生变化。高校辅导员对绩效改进的采纳有一个心理适应、转变的过程，即从不信任到部分信任，再到全部接受，最后主动应用。由此可见，绩效改进过程中要注意的最重要的问题是提高高校辅导员的采纳率和认可度，它是连接现有绩效结果与新的绩效目标之间的桥梁。

第二，建立宽松的绩效改进氛围。高校辅导员必须在一种鼓励其改进绩效的良好氛围中工作，而营造这种工作氛围的最重要因素是主管人员的以身作则。主管人员应该把自己的绩效改进当成整个绩效改进实施内容的组成部分，在要求高校辅导员做到的同时，自己首先要做到；在要求高校辅导员改进的同时，自己首先要以身示范，这样才能帮助高校辅导员建立信心，通过相互之间的支持和协作，完成绩效改进工作。

第三，对高校辅导员进行必要的奖励与惩罚，如果仅将绩效评价的结果反馈给高校辅导员，而不重视绩效改进，那么，高校辅导员绩效改进的积极性就不复存在。高校辅导员组织或个人知道绩效改进后会获得必要的奖励，就会积极行动起来，主动落实改进措施。奖励的方式可分为物质奖励和精神奖励，如发奖金、口头表扬、更多的自由与授权，反之，对于不能很好地落实改进措施者，则应当给予必要的惩罚。

2. 将绩效评价结果与奖惩措施挂钩

目前，我国许多高校仍然实施奖惩性绩效评价制度。从理论上讲，奖惩性绩效评价制度是可行的、可操作的。只有通过绩效评价，对那些踏实工作、成绩优异者给予物质或精神上的奖励，对那些不负责任、绩效低者给予惩罚，才能真正鼓励高校辅导员组织和个人向优秀者学习，防止不负责任的现象蔓延。当然，这种惩罚并不意味着不允许犯错误，也不是说凡是犯了错误的都要惩罚。实际上，对于那些有上进心的人来说，失败是成功之母。许多优秀的高校辅导员并不是有意去犯错误，而是由于勇于创新、大胆实践才出现错误，他们所犯的错误越多，积累的经验就越丰富，进而继续前进，才会取得更大的成绩。因此，对不同的人所犯的不同的错误要区别对待，对那些工作平庸、毫无上进心的高校辅导员，即使不犯错误，也应该对他们做出必要的警示和惩戒。

实践中，奖惩性高校辅导员工作绩效评价制度的效果并不理想，很少有高校获得令人满意的结果。总结其中的经验和教训，我们认为实施奖惩性绩效评价制度必须注意以下两点。

第一，不要把高校等同于企业。一般来说，高校辅导员工作绩效评价理论与实践的研究是滞后于企业人力资源管理理论与实践研究的，且总是受到企业人力资源管理理论与实践的影响。许多企业人力资源管理理论与实践不仅在企业中得到成功的运用，而且在高校人力资源管理中也取得了理想的效果。因此，有人错误地认为，在企业获得成功的人力资源管理理论和方法同样适用于高校。其实不然，高校与企业是两种不同性质的社会组织，二者之间存在诸多差异。虽然有的管理理论和方法不仅适用于企业，而且完全适用于高校，但是更多的企业人力资源管理理论和方法在被借鉴或移植到高校中时，必须根据高校的特点和具体情况进行调整，简单地照抄照搬是行不通的。例如，"末位淘汰法"在企业的人力资源管理中是成功的，但若是在高校辅导员工作绩效评价中普遍推行这种方法就会遇到麻烦，因为目前的高校并不具备实行"末位淘汰法"所需要的组织环境、行业特点及支持系统等一系列必要的条件。

第二，奖惩的实施要体现公正性和合理性。公正、合理的奖惩必须建立在绩效评价结果客观、真实和有效的基础上。高校辅导员工作绩效评价不管采取何种方法和技术，最终体现的结果一定要真实和有效，要尽址克服长官意志、杜绝"暗箱"操作。实践中，奖惩性高校辅导员工作绩效评价制度在部分高校流于形式，失去了绩效评价的应有之义，例如，排队先进，轮流获奖；领导决策，"暗箱"操作；一团和气，缺乏激励等。要改变这一现状，最关键的是要加强制度建设，在建立健全科学合理的奖惩性绩效评价制度的基础上，不断提高实施奖惩性绩效评价制度的水平。同时，还要将发展性绩效评价与奖惩性绩效评价有机地结合起来，要让高校辅导员认识到，绩效评价结果的应用不是简单地奖励与惩罚，而是着眼于高校辅导员的未来,一切为了高校辅导员工作的可持续发展。

3. 将绩效评价结果与高校辅导员职业生涯的发展结合起来

将绩效评价结果与高校辅导员职业生涯的发展结合起来,可以实现高校辅导员个人发展与组织发展的统一,创造高效率的工作环境。

职业生涯的发展是高校辅导员队伍建设的重要环节,也是吸引和留住高校辅导员的重要因素。针对高校辅导员,上级主管部门应帮助他们根据自己的情况制订职业生涯发展规划,并定期与高校辅导员一起讨论、修正职业生涯规划,保证其职业生涯的顺利发展。例如,依据绩效评价结果实行岗位轮换或职务晋升,做到人尽其才、才尽其用,这样就能够有效地提高高校辅导员的积极性,激发其工作潜能,反之,如果上级主管部门不注重高校辅导员的职业发展规划,不能及时为高校辅导员提供相应的发展平台,也缺乏相应的激励机制来保证高校辅导员按业绩、按贡献正常晋升,就会挫伤高校辅导员的工作积极性,影响其工作业绩和效率,最终影响他们的长远发展。

高校辅导员工作绩效评价的结果可以为高校辅导员的工作配置提供科学依据,这里所说的工作配置包括晋升、岗位轮换、淘汰三种主要形式。上级主管部门对高校辅导员工作进行绩效评价时,不能仅评价过去某一个绩效周期内工作业绩的好坏,还要通过对高校辅导员工作能力的考察,进一步确认其未来发展的潜能,对于那些绩效优秀且大有潜力的高校辅导员,可以通过晋升的方式给他们提供更大的舞台和发展才能的机会,帮助他们取得更大的成绩;对那些绩效不佳的高校辅导员,则应该认真分析其绩效不佳的原因,如果是高校辅导员自身的素质和能力与现任的工作岗位不适应,则可以考虑对其进行调职或转岗,以充分发挥其特长,在适合他的岗位上创造新的业绩;如果是高校辅导员个人不努力工作、消极怠工,甚至有违反职业道德或法律的行为,则可以采取淘汰的方式。

绩效评价结果还可以为高校对高校辅导员进行全面教育培训提供科学依据。当高校辅导员的绩效评价结果较差时,就要分析原因,如果他们仅仅是缺乏完成工作所必需的技能和知识,就必须对他们进行培训。因此,高校辅导员工作绩效的评价不仅是衡量高校辅导员组织或个人的绩效,还可以使他们利用绩效评价了解当前的绩效与期望的绩效的差距,帮助他们找到差距存在的原因,帮助他们制订相应的绩效改进计划和职业生涯发展规划,高校也可以对其进行更有针对性的培养和训练。

第四节　工作绩效评价长效机制建设

大学生思想政治教育是一项系统的社会工程。要实现大学生思想政治教育的科学化和实效性，就必须持之以恒地开展全方位、多层次的系统工作。其中，最重要的工作之一，就是建设一支高素质的高校辅导员队伍。高校辅导员工作绩效评价长效机制建设能为这支队伍的建立和可持续发展提供思想保障、组织保障、制度保障。所谓机制，原指机器的构造和工作原理。在社会科学中，机制一般是指某一个工作系统的组织或部门之间相互作用的过程和方式，是事物的存在、发展所需要的稳定的内部和外部条件。长效机制则是指能够长期起作用的具有保障性的基本条件。它有两个基本要求：一是要有相对稳定的、规范的和配套的制度体系；二是能够实现组织建设和制度运行的可持续发展，高校辅导员工作绩效评价长效机制建设需要学校和社会提供各种条件和各种保证，缺少这些条件和保证，就会影响绩效评价工作的实效性，从而影响这支队伍的可持续发展。因此，开展高校辅导员工作绩效评价长效机制建设研究，对于巩固和发展高校辅导员队伍，对于进一步加强和改进大学生思想政治教育工作，对于思想政治教育学科和高等教育学科理论的丰富和发展，具有重要而现实的战略意义。

一、提高认识，巩固长效机制建设的思想基础

不断提高对高校辅导员工作绩效评价长效机制建设重要性和必要性的认识，增强高校辅导员工作绩效评价的主动性和积极性，是高校辅导员工作绩效评价长效机制建设的重要思想基础。

（一）思想上要切实重视

1. 要提高认识，统一思想

高等教育主管部门和高等学校必须切实提高思想认识，并不断深化思想认识，切实把高校辅导员工作绩效评价长效机制建设置于高校思想政治教育重要的战略位置，并把它作为高校辅导员队伍建设的当务之急纳入工作日程。常抓不懈既是在思想上、认识上重视长效机制建设的具体体现，也是巩固长效机制建设的思想认识基础。

2. 要面向未来，立足长远

高等教育是面向未来的事业，是为未来培养合格的建设者和可靠的接班人的教育，因此，与育人有关的工作都应该立足现实、面向未来。高校辅导员工作绩效评价同样需要立足长远，另外，高校辅导员工作绩效评价长效机制建设不是一成不变、一劳永逸的，既不可能解决现存的所有矛盾和问题，也不可能预测出将要出现的所有矛盾和问题，它将随着时间和内部与外部条件的变化而不断丰富、发展和完善。高校辅导员工作绩效评价长效机制建设的目的，就是在提高认识的基础上，使评价的各个方面，包括理论和实践工作不断深化，不断完善。

（二）认识上要不断深化

一是要把高校辅导员工作绩效评价长效机制建设看成是整个高校思想政治教育长效机制建设的重要组成部分，将其纳入高校全面发展的整体之中，而不是任其孤立地、封闭地进行自我建设和自我发展。

二是要把高校辅导员工作绩效评价长效机制建设作为推动高校全面发展的强大动力。"高校辅导员是开展大学生思想政治教育的骨干力量，是大学生日常思想政治教育和管理工作的组织者、实施者和指导者。"高校辅导员工作的可持续发展，必然有效地推动整个高校快速、协调、持续和稳定发展。

三是要把高校辅导员工作绩效评价长效机制建设作为培养高素质高校辅导员的重要工程，通过长效机制建设，将高校辅导员个人发展的目标与整个高等教育发展的目标紧密地联系在一起，提高高校辅导员队伍的整体素质。只有建设一支高素质的高校辅导员队伍，才能保证高校辅导员工作的可持续发展，进而实现高校思想政治教育的可持续发展。

（三）观念上要与时俱进

一是要明确长效机制建设不是一朝一夕的事，不能急于求成，要充分考虑现实状况和未来的发展，制订一个缜密的长远规划。

二是要明确长效机制不是一成不变的，它是一种动态的稳定。高等教育的发展要与时俱进，高校辅导员工作绩效评价也要伴随高等教育的发展与时俱进，必须坚持与时俱进的理论思维，以发展的观点积极探索长效机制建设的新方法和新途径，拓宽长效机制建设的渠道和视野。

三是要不断研究新情况，提出新对策，解决新问题，以创新的思维不断完善长效机制建设的相关措施，真正提高高校辅导员工作绩效评价的实效性。

二、加强领导，增强相关职能部门的工作权威

政治路线确定之后，干部就是决定性的因素。其主要内容体现在抓领导和领导抓两个方面。同理，高校辅导员工作绩效评价长效机制建设如果没有领导的支持和鼓励，或者领导的素质和能力无法适应该项工作，那么即便绩效评价计划制订的尽善尽美，也无法达到预期的效果。

（一）领导的素质决定绩效评价工作的质量

高校辅导员工作绩效评价长效机制建设是一个系统的工程，这必然对相关主管领导的综合素质提出较高的要求。从某种意义上说，相关领导的素质的高低决定着高校辅导员工作绩效评价长效机制建设的成败。只有领导的素质高了，高校辅导员工作绩效评价长效机制建设的起点才会高，才能保证绩效评价工作的顺利

进行，才能推动绩效评价长效机制建设。具体来说，相关领导必备的素质应包括以下五个方面。

第一，要讲政治，具有高度的政治责任感和育人的使命感，能以正确的立场、观点和方法，认识、分析工作中遇到的各种问题，坚持正确的政治方向。

第二，要掌握相应的教育理论和教育科学，懂得教育规律，能够坚定地贯彻党的教育方针，坚持科学育人，把大学生思想政治教育放在至关重要的战略位置上，全面关心大学生的成长，全面推进素质教育的发展。

第三，要具备把握全局和科学决策的能力。领导者既是组织者也是管理者，要着眼于高等教育的持续发展，抓好大学生思想政治教育骨干队伍的建设，树立育人为本、德育为先、服务学生的教育理念，实行创新管理与和谐管理。

第四，要廉洁奉公，树立正确的权力观、政绩观和荣辱观，自觉抵制不正之风的影响，反对以权谋私，弘扬科学民主精神，办事公道，诚实守信。同时，领导的视野要高远，心胸要宽阔，要站在全局的高度思考问题，绝不能以职务之便去谋个人之私，个人的喜好和亲疏不能影响工作的开展。

第五，要具备与时俱进的工作理念，能从教育改革和发展的实际出发，坚持求真务实，坚持创新实践，不断变革工作思路，探索育人的新途径，推动大学生思想政治教育的科学化、实效性和可持续发展。

（二）加强对长效机制建设的领导

高校辅导员工作绩效评价长效机制建设，是大学生思想政治教育工作的重要组成部分，离不开各级领导的高度重视，只有领导重视、群众支持，才能真正有效地树立相关职能部门的工作权威，推动高校辅导员工作绩效评价长效机制建设的顺利进行。加强对长效机制建设工作的领导，主要体现在以下两个方面。

第一，建立健全专门的领导小组及工作机构，落实领导责任制，在上级主管部门的统一领导下，各地教育主管部门、各高校要成立相应的高校辅导员工作绩效评价长效机制建设领导小组（也可并入高校思想政治教育领导机构），要有专门的领导负责，要有专门的机构负责日常工作，责任到人，责任到位，在同级党委和上级主管部门的指导下，扎实开展工作。

第二，把高校辅导员队伍建设相关问题纳入各级党政联席会议的重要议题，"要建立健全党委统一领导、党政齐抓共管、有关部门各负其责、全社会大力支持的领导体制和工作机制"，形成全党、全社会共同关心支持高校辅导员队伍建设的合力，全面实现高校辅导员工作的可持续发展。

（三）发挥党组织在长效机制建设中的核心作用

第一，保证监督作用，即党组织要保证监督党和国家的方针、政策在高等学校的贯彻执行，保证高等学校的社会主义办学方向，保证高校辅导员工作绩效评价长效机制建设的正确方向。

第二，参与讨论和决定的作用，即党组织享有同教育行政部门共同的决策权。党组织要积极指导并参与高等学校发展规划、学科建设、人才培养等各项工作，把高校辅导员工作绩效评价长效机制建设纳入高等学校发展的整体规划之中，切实提高该项工作的被重视程度。

第三，组织领导作用，即上级党组织对下属各级党组织及全体党员发挥直接领导的作用。高校辅导员是大学生思想政治教育的骨干力量，他们中的绝大多数是党员，是高校教师队伍和管理队伍中的先进群体，是高校思想政治教育长效机制建设的重要力量，高校要通过党组织的领导，严格规范党内纪律，积极发挥高校辅导员中党员的先锋模范作用，为高校辅导员工作绩效评价长效机制建设提供坚强的组织保证。

三、重视培养，建设一支高素质的绩效评价工作队伍

高校辅导员工作绩效评价长效机制建设事关高校辅导员队伍的可持续发展，关乎大学生思想政治教育的大局，这必然对评价人员的思想政治素质和相关业务素质提出更高的要求。因而，各地区教育主管部门、各高等学校都非常重视评价人员的选择。实践中，很少有独立设置的部门和专门编制的人员负责高校辅导员工作绩效评价，更多的是从相关部门和学校临时抽调人员组成评价队伍。尽管抽调的人员多是各部门、各学校的骨干，但由于平时缺乏必要的培养和专门的训练，其理论水平、谈话艺术及相关业务知识的掌握等基本素质和能力，无法很好地适应评价工作的需要。因此，重视培养、努力建设一支高素质的绩效评价工作队伍就显得尤其重要。

（一）评价人员的素质决定绩效评价结果的客观性与公正性

高校辅导员工作绩效评价是一门科学，具有专门的评价理论与评价技能，如选择和运用评价方法的技能、收集各种评价信息的技能、评价结果反馈的技能、撰写评价报告的技能、指导绩效改进的技能。

在绩效评价过程中，评价人员的思想道德素质、知识、能力、信誉和威信非常必要。一个值得信赖的评价人员必须做到公正、客观、坦诚，并且能够娴熟地掌握和运用评价理论和评价技能，当评价工作出现问题时，能够及时地解决问题、化解矛盾，使评价工作顺利开展。如果评价人员的政策水平不高、责任心不强、知识匮乏，不具备绩效评价工作所要求的素质和能力，开展评价工作时就必然受到高校辅导员的抱怨，势必影响高校辅导员工作绩效评价的客观性和公正性。不

难发现，在高校辅导员工作绩效评价的实践中，一些评价人员因为对绩效评价理论和技能一知半解，对高校辅导员的工作性质和工作特点知之不深，在制订评价方案时屡屡出错，实施评价方案时顾此失彼，得出的评价结果出现严重的偏差，导致高校辅导员工作绩效评价的预期效果与实际效果、高校辅导员工作实际表现与绩效评价结果严重不符。这必然在很大程度上挫伤高校辅导员的工作热情，使他们对评价工作的认同感降低，从而为以后的评价工作设置了重重障碍。

在高校辅导员工作绩效评价的实践中，特别是当绩效评价的结果与高校辅导员的奖惩挂钩时，许多高校辅导员会更加关注绩效评价，甚至担心评价人员没有掌握专门的评价理论和技能，从而导致评价结果不真实，使自己受到误解和不公正的待遇。因此，谁是评价人员？他们是否了解高校辅导员的工作？他们是否掌握专业的绩效评价理论和技能？他们值得信任吗？诸如此类的问题迫切需要高素质的绩效评价工作队伍给出专业的回答。

高校辅导员工作绩效评价有其独特的理论和技能要求。为了确保高校辅导员工作绩效评价的客观性与公正性，评价双方尤其是评价人员，必须接受专门的培训，学习和掌握高校辅导员工作绩效评价的理论和技能。没有受过严格培训的人员不能担任评价人员，否则难以达到应有的评价效果，甚至适得其反，引起高校辅导员极大的反感。

（二）努力建设一支高素质的绩效评价队伍

第一，组织评价人员认真学习绩效评价的内容及各项评价标准。在这一过程中，评价人员不仅要从字面上理解评价内容和评价标准，还要深刻理解评价指标的指导思想及每个评价指标的具体含义。

第二，要培养和提高评价人员的观察力和判断力。在进行绩效评价时，评价人员往往依据自己对高校辅导员的日常行为和工作表现的观察进行判断和评价。因此，评价人员在培训的时候，一定要准确地把握各项评价指标的具体含义，抓住对进行日常观察的侧重点，从而提高依据有关信息进行判断的能力。

第三，要培养和提高评价人员的职业道德和责任意识。在评价过程中，出现评价失误最多的往往是那些事业心不强、责任意识淡薄的人。他们对绩效评价工作不认真、不重视，应付了事，或对高校辅导员弄虚作假的行为不闻不问、听之任之。因此，主管领导必须高度重视，培训部门必须反复宣传和要求，切实提高评价人员的职业道德和责任意识，保证绩效评价工作的有效实施。

第四，通过典型案例进行实训。在培训工作中，组织人员要认真讲解评价的意义、理论、原则、方法，同时要对评价人员强调评价中经常出现的一些典型错误，如过宽、过严、主观偏见，向评价人员说明发生类似错误的严重后果；要通过一些典型的案例对评价人员进行实训，让他们分别扮演其中的某一个角色，设身处地进行演练，然后通过讨论和总结，及时发现问题，切实提高评价人员的责任感和实际工作水平。

五、严格执行，确保长效机制建设措施的落实

好的制度关键在于贯彻落实。对于已经建立的规章制度不能很好地坚持和执行的问题，我们必须查找原因，找出问题所在，进而对症下药，去除顽疾。要加大对规章制度执行的领导力度，彻底解决执行不力、落实不到位的问题，切实把好的制度贯彻执行好，以期收到良好的效果。

（一）严格管理抓落实

第一，严格责任人制度。强化责任人制度，是落实制度的重要抓手，便于明确职责，切实做到一级抓一级，层层抓落实。

第二，严格自查自检制度。自查自检旨在加强高校辅导员自我管理、自我提高的能力，强调高校辅导员组织或个人对照绩效评价的标准进行自查、自省、自改，及时发现自己存在的不足并加以改进。

第三，严格信息反馈制度。在长效机制建设过程中，要建立相应的信息反馈渠道，上级主管部门能够准确、及时地了解各地区、各高校制度落实的情况，对于发现的问题，能够及时采取措施，保证制度规范的落实。

（二）强化监督抓落实

第一，大胆监督，不徇私情，好的制度收不到好的效果，主要原因要么是责任落实不到位，要么是监督检查不到位，更确切地说是不敢监督、不善监督。不敢监督是怕影响关系，怕得罪人，进而出现徇私舞弊；不善监督是方法不当，没有抓住问题的关键或是监督的尺度把握不准。

第二，领导干部要带头监督，在长效机制建设的实践中，领导干部要以身作则，带头执行各项规章制度。同时，一定要担负起自己的责任，监督检查制度规范的落实情况。对于工作中可能出现的偏差或制度落实不力等情况，要主动想办法监督改进。

第三，畅通监督渠道。各地教育主管部门、各高校主管领导要定期深入基层，通过座谈会、访谈等多种形式，及时了解长效机制建设制度规范的落实情况；要畅通各种监督渠道，鼓励基层的高校辅导员讲真话、说实情。

（三）工作创新抓落实

一是积极采用新技术和新手段。目前，网络和多媒体技术被广泛应用到高等学校的教学科研中，新技术带来了教学方式的变化。高等学校具备应用新技术的

人才优势，要充分利用网络等新的技术平台，大胆应用不断出现的新技术，创新活动方式和手段，提高落实长效机制建设制度规范的水平。

二是创新主题实践活动。在长效机制建设过程中，各地教育主管部门、各高等学校要对照高校辅导员工作绩效评价的指标要求及相关制度规范的内容要求，开展丰富多彩的主题实践活动，要不断丰富主题实践活动的内容，围绕主题设计一些子主题，不同地区、不同高校要体现出不同的特色，做到主题鲜明、亮点众多。[1]

---

[1] 程树武.高校辅导员工作机制研究［M］.南昌：江西高校出版社，2020.

第六章　高校辅导员面临的主要问题

第一节　学科建设

学科建设是高等教育发展的基础和龙头，学科建设在学科知识积累创新、高水平人才培养和提升高校社会声誉方面发挥着不可替代的作用。从上面章节的分析中可以得知，学科建设关涉的知识论基础建设，同行评议制度都是高校辅导员职业化建设中的关键要素。加强学科建设对于高校辅导员职业化发展具有至关重要的指导意义。

一、主要问题

高校辅导员工作的学科基础主要是思想政治教育学，相关学科包括教育学、心理学、管理学等。高校辅导员的具体实践为思想政治教育学科的发展提供了丰富的实践素材，思想政治教育基本理论与方法为高校辅导员具体工作开展提供了理论支持。高校辅导员工作是在具体的教育环境中展开的教育活动，是由教育主体、教育客体、教育目标、工作方法等要素组成的系统工程，需要遵循教育学的基本规律。高校辅导员的工作愿景就是成为大学生的人生导师和知心朋友，作为一项和人打交道的事业，必须了解人的心理和行为的基本特点和规律。高校辅导员只有具备心理学的基本知识，才有可能更加深入地理解大学生的外在表现和内在问题，才能够真正为大学生的健康成长保驾护航，更好地实现高校辅导员的工作价值。高校辅导员工作的重要职能之一就是组织管理，无论是班集体、团支部的基层组织活动，还是各类学生社团工作的开展，都需要组织建设和管理力量的支持。高校辅导员只有坚持管理学的基本原则，掌握科学的管理技术方法，才能够更好地实现高校辅导员的组织管理职能。

在高校思想政治教育领域，传统的政治思想教育管理方式和高校学生多元的思想状态和现实需求之间的矛盾不断凸显。高校思想政治教育学科面临着时代的挑战和现实的问题，对于高校辅导员队伍建设的方式方法问题也是各持己见。

（一）学科内部对于高校辅导员建设的意见不统一

在思想政治教育学科内，针对高校辅导员工作和职业发展的学科建设问题，主要有两种声音。一种声音建议参照美国模式，设置专门的高校学生事务管理或高校辅导员专业，通过设置新学科和新专业，为高校辅导员或高校学生事务管理人员量身定制相关标准和课程，提高学科平台和高校辅导员培养的契合度；另一种声音是不断完善现有思想政治教育学科，不断拓展相关内容，增加思想政治教育学科大平台和高校辅导员培养的契合度。

（二）思想政治教育学科内部的层级交流缺乏

思想政治教育学科专家对基层工作没有经常性地接触，理论更多具有哲学和宏观的指导意义；而高校辅导员常常在理论功底上比较薄弱，即使有了一定的工作经验积累，但由于工作流动性比较大，科学研究现状不理想等原因很难将经验转化成理论。思想政治教育学科的理论与高校辅导员的实践工作之间存在着一定的真空，没有产生知识的积累递进效应，专家理论对于高校辅导员具体实践工作的指导性不强，高校辅导员经验层面的积累很难达到理论层面的转化，这不仅仅影响工作中的理论和实践创新，也使得高校辅导员的自我成就感降低，部分消减了职业发展的原动力。

二、解决路径

（一）思想政治教育学科要形成共识

无论从高校辅导员工作的内涵，还是从高校辅导员队伍的专业化建设上，思想政治教育学科都是基础。明确学科依托，可以使高校辅导员队伍建设工作形成重要的合力和保障。同时，需要根据高校辅导员工作开展的理论和实际需要，在思想政治教育学科内部增加新的研究领域，形成新的研究分支，为高校辅导员事业的科学发展奠定学科的知识论基础，为高校辅导员工作形成其自身独特的教育和发展目标确立根基。

（二）增进学科的组织活力和层级交流，发展同行评价制度

增进层级之间交流互动的活力，搭建更多的交流平台，对于提高学科水平具有重要的意义。学科内部纵向的交流活动和学科之间横向的交流活动可以增进知识分享，对于全面理解学科内涵和深化各自的领域研究具有重要的方法论意义：

可以有效促进同行评价制度的发展，对于形成学科的权威力量和社会影响力具有重要的价值。在高校学生管理工作中，传、帮、带的模式已经实践了很多年，新入职人员从工作中最初的模仿学习，到逐步适应、自主探索，最后形成自己的学生管理理念和方式方法。相对于传、帮、带这种单向度的交流方式，学科组织的层级交流更应该是多向度和交叉立体的。思想政治教育学科专家可以从层级交流中获悉高校思想政治教育工作的主要问题和基本发展趋势，使得理论研究能够从实际出发，具有重要的实践指导意义；而高校辅导员在学科理论和方法论的指导下，可以将经验通过理性分析逐渐上升为理论层面，使工作状态从自发、被动转为自觉、主动，提高分析现象、透视本质的思维能力，增进实践中发现问题、解决问题的创新能力。

（三）加强高校辅导员培养的学科组织建设

思想政治教育学科平台建设应该利用现有条件，充分结合高校辅导员工作的历史传承和现实情况，依托学科的硕士点或博士点，灵活设置高校辅导员研究方向。通过课程的有效设置，将高校辅导员工作中需要的心理学、管理学、教育学、社会学等学科基本知识和专业技能有机结合，在宽口径的基础上打造高校辅导员的培养平台。在条件成熟的高校，也可以在教育学、心理学硕士点或博士点的建设中进行类似设置。通过拓展人才培养的学科平台，一方面可以推进高校辅导员的个人专业能力提升和职业化成长，另一方面可以推动高校辅导员的多元化组成，有助于形成优质的科研团队。

第二节　行业组织建设

高校辅导员职业化目前处于发展的关键时期，在这个时候，行业组织在统一思想认识、贯彻国家政策精神、制定具体标准、培育高校辅导员的职业伦理和道德，建设职业文化，塑造职业社会声誉方面发挥着至关重要的作用。

一、主要问题

（一）缺乏强有力的行政领导和资源支持，影响力、凝聚力有限

全国高校辅导员行业组织在认识基础上缺乏共识，在价值理念上没有统一，在资源分配中没有来源，在行政管理中缺乏强有力的行政管理权力的参与。虽然形成了全国高校辅导员行业组织和地方高校辅导员行业组织共同发展的基本格局，但是从整体上来讲，现有的行业组织凝聚力不足，影响力有限，不能有效地发挥对于高校辅导员职业化发展的重要导向作用。

（二）高校辅导员行业组织起步晚，自发性强，职能有限

虽然高校辅导员的行业组织发展从无到有，从分散到整合，整体呈现良好的势头，但是和高校辅导员工作的实际需要还存在很大差距。作为全国性的高校辅导员专业共同体，高校辅导员工作研究分会是挂靠在中国高等教育学会下的二级分会，其性质定位是全国高校非经营性学术组织，主要从事开展大学生思想政治教育及高校辅导员队伍建设相关工作研究、理论研究和政策研究，组织高校辅导员工作论文、著作等成果评选工作等。而行业组织承担的其他重要职能，如颁布职业标准、制定职业伦理、出版专业期刊、制定并保护组织成员的权益等均没有体现，这大大制约了行业组织的影响力。

二、解决路径

（一）加强行业组织的行政领导

在党和国家高度重视思想政治教育工作的政策优势下，高校辅导员行业组织要顺势而上，抓住历史机遇，发挥理念先进地区及高校的积极示范作用，加大宣传力度，使得高校辅导员行业组织的管理逐步纳入政府行政管理体系中，争取得到更多的政策、规范、制度，以及财力和物力的支持，为行业组织的发展奠定必要的物质基础和行政组织保障。

（二）加强基础建设，拓宽职能，制定标准

作为全国性的高校辅导员专业共同体，高校辅导员工作研究分会需要统一认识和理念，不断拓展职能，制定高校辅导员职业标准、伦理规范、权利义务、权益保护、学术发展、专业研究等具体规范，使高校辅导员行业组织在培育行业文化，增强从业人员的职业意识，强化职业行为，营造职业声誉等方面发挥更加重要的作用。

第三节　高校系统

伴随着高等教育的迅速发展，高等教育规模不断扩张，高校普遍面临着教学、管理等师资缺乏的局面。实现"教学育人、管理育人、服务育人"，加强管理机制中的合力机制建设，充分调动全体教职员工的教育、管理和服务意识，既可以解决高校教育管理中的实际问题，减少冲突；也可以提高学校的整体教育、管理和服务水平，培育优秀的校园文化；还可以为学校的持续发展提供良好的组织保证。

伴随着高等教育大众化时代的到来，高等教育从计划经济时代进入消费者时代，具体体现在学生的主体性意识提高，学生的权利范围扩展，学生的维权意识

提升。为了适应新时期的变化,各高校"为学生服务"的意识也在不断增强。多所高校现已出台相关具体的教学管理制度来回应学生的强烈要求,如课程成绩的质疑查证、学生处分的申诉听证、校园重大事件的信息披露等。教师也需要适应时代变化,自觉地完善教学方式,改进教学手段,增加和学生之间的教学互动,满足当代大学生的主体性成长需求。管理干部需要更加主动地倾听和及时回复大学生普遍关注的问题,如教务处处长设置处长邮箱,及时回复学生关于选课、学分换算等教学方面的疑问,学院负责本科教学的院长定期召集学生代表征求对于课程和任课教师等的意见,后勤管理处定时更新网站信息,在学生普遍关注的住宿、食堂、超市等问题上及时回复咨询,并和学生相关权益组织保持良好的沟通态势。

从社会系统论的角度来说,高校就像是一个系统,高校的发展总目标指导并制约着学校各部门的具体发展,学校的校风校训、教学管理服务理念直接影响着学校各部门的具体工作模式。同时,作为系统的组成部分,各部门健康有序的科学运作及各部门之间的和谐相处也为整个系统的健康发展提供了重要的保障。学生是高校系统中最核心的要素,只有加强管理机制中的合力机制建设,充分调动各方面的积极性和创造性,才有可能为学生提供最优质的教学、管理和服务。

在高校现实实践中,仍旧存在着德育教育工作弱化和职能部门各自为政的状况。

一、主要问题

(一) 国家指导性政策规定和高校落实不挂钩

很多高校虽然学习了政策、宣读了文件,但没有对学生管理工作进行更加科学的部署和安排,风声大、雨点小的情况并不少见。虽然高等教育主管部门就相关文件的落实情况进行了检查和督查,但更多的是对一些硬件指标的核查,如高校辅导员和学生的比例、高校辅导员的入职资格等,对于一些软性指标,如高校党委的态度和认识、高校辅导员的现实困难、学生对高校辅导员工作的期望并没有更多地考量,接待高等教育主管部门检查和督察的更多是学生处、心理咨询中心等职能部门,因此考评结果对于学校领导层面的基本态度和观念认识不会产生重大影响,学校的内部政策环境和高校辅导员的常态工作环境很难得到真正的改善。

国家宏观政策为高校辅导员的职业化发展提供了美好的愿景,但是高校环境中的政策落实却成为阻碍宏观政策预期目标达成的难题之一。如果不能破解这项难题,高校辅导员的基本工作状态就不会得到根本改变,其他相关的问题,如高校辅导员专业素质提升、高校辅导员职业化发展路径、高校辅导员职业认同问题等高校辅导员队伍建设问题都将无从谈起。从某种程度讲，高校政策环境已经成为制约高校辅导员队伍建设和发展的"瓶颈问题"。

（二）高校辅导员工作在高校评价体系中比重较低

中国已经进入高等教育大众化时代，对于各高校来讲，保持特色，创新发展，在日益激烈的高校竞争中占据有利地位，是学校持久发展的重要保证。高校质量评估标准成为学校层面决策的重要指向标，凡是有利于学校质量评估的指标，如国际科研发表、学科带头人、社会科学和自然科学基金项目数量、重点学科建设等在学校人力、财力、物力等资源分配中占据绝对的优势，而对于难以量化的指标，如学生综合素质、学生潜能开发、学生人文素养和科学精神等指标，由于时间比较长，很难在短期内见到收益但又需要一定的资源投入，高校决策层面一般保持比较保守的态度。一般来说，高校决策层面对于学生思想政治教育工作，包括高校辅导员队伍建设的基本态度主要是学生工作不要出事故就好，而不是学生工作要出成绩。

（三）高校辅导员工作缺乏相关工作群体的理解

虽然国家政策上已经反复强调高校辅导员工作的重要意义和必要性，但是在高校的传统观念和惯例做法中，高校辅导员工作经常成为"说起来重要，做起来次要，评起来不要"的角色。在某些高校，高校辅导员作为思想政治理论课的兼职教师，不能得到和其他专职教师的相同待遇；高校辅导员在各自学院只能按照行政管理人员进行考核，因为学院层面由于专业领域的隔阂不能真正认可高校辅导员的教师身份；在学校重要开学和毕业典礼上，教师发言代表中鲜有高校辅导员的身影；高校辅导员在评聘专业技术职称时和思想政治教育专职教师采用统一标准，这些现实中的具体做法直接影响到学校其他职能部门和工作群体对于学生工作的整体认识，使其更多地感受到高校辅导员工作综合性的一面而不能认识到高校辅导员工作专业性的重要价值。对于很多高校来讲，高校辅导员工作还是处于"上面多条线，下面一根针"的工作常态，处于学校多个职能部门工作的交叉点。在高校管理中凡是涉及学生工作的，最后都是直接或间接地落到高校辅导员身上，高校辅导员普遍感觉到工作压力很大。虽然其他职能部门并没有直接考核和管理高校辅导员的权限，虽然国家政策对于高校辅导员的工作职责和工作内容进行了明确的规定，但是现实的状况却是高校辅导员工作头绪多，任务重，学生管理事务经常要由其他职能部门牵着走，高校辅导员的职业自主感和成就感比较低，高校辅导员工作的职业吸引力下降。

（四）高校辅导员的工作价值缺乏大学生的普遍认同

大学生对高校辅导员工作的重要意义和必要性也没有全面和根本的认同。在高校期间，大学生最亲密的老师一般来讲都是高校辅导员，因为高校辅导员和他们朝夕相处，从新生入校到毕业生离校，从学习、生活中出现的各种问题解决，各种事务性工作咨询和办理，大学生都要和高校辅导员打交道，但是亲密的关系并不意味着对于高校辅导员工作的价值认同。在大学生的信息交通平台上，很少有评价高校辅导员老师的评语，更多的是对专业课老师的褒贬评价。大学生普遍认为高校辅导员工作没有专业性和创造性，常规性的事务工作占据主要位置，对大学生积极成长方面的指导性不强。这种状态和高校辅导员工作专业化程度不高是对应的，但是却和高校辅导员工作的应然目标——成为大学生的人生导师具有较大的差距。

二、解决路径

（一）转变高校决策理念，将高校辅导员队伍建设工作纳入学校统一规划中

高校决策层面要坚持贯彻"育人为本，德育为先"的教育方针，将立德树人作为高等教育的根本任务，切实改变高校德育工作弱化不利的工作局面，重视思想政治工作队伍的整体建设，重视高校辅导员队伍建设，将思想政治教育工作发展与高校教育科研发展、社会服务、对外交流等工作统一规划和部署。

通过外力的推动也可以进一步改善思想政治教育工作在高校整体工作中的地位和状态。教育部和国家相关部门可以定期召开高校领导思想政治工作会议，推动高校思想政治教育工作队伍建设问题的研究部署，可以邀请某些高校领导进行经验介绍，使高校党政领导充分认识到思想政治教育工作队伍建设问题的重要意义。高校决策层的思路转变，可以释放积极信号，发挥良好的示范效应，为高校辅导员工作的职业化建设营造良好的高校内部氛围和环境。

同时，高校辅导员个人和团体要加强自身学习，加强对于学生问题的研究和学生发展规律的认识，将经验总结不断提升到理论水平，为学生发展献计献策，努力成为高校决策层在重大决策过程中的重要参考，不断提升高校辅导员队伍的整体形象。通过自上而下和自下而上相结合的方式，积极转变高校决策层的传统观念，为高校辅导员队伍建设和职业化发展营造良好的高校环境。

（二）在高校质量评估标准中增加高校辅导员工作建设权重

在高校质量评估标准中明确高校辅导员工作建设的细化指标并给予相应权重，如队伍的年龄、学历、职称结构是否能够适应学生工作的开展，人员是否保持比

较稳定的状态，高校辅导员人均进行专业咨询的次数，高校辅导员人均发表相关领域论文数目，参与培训情况，参与课题情况……如果，将国家政策期待实现的思想政治教育工作状态和高校辅导员职业化发展的基本目标细化成高校质量评估标准中的细则和加减分标准，高校决策层会更加自觉主动地投入资源并落实相关政策制度，国家政策在高校落实的效果和效率都会有大幅度的提升，甚至在某些高校会有突破性的发展。

（三）以明确的岗位职责为基础，建立全员育人机制，体现学校德育工作整体性

全员育人可以调动各方面积极要素，共同服务于大学生的思想成长和全面发展，通过形成"教育育人""管理育人"和"服务育人"的合力机制，营造良好的校园文化氛围。在全员育人机制下，在高校整体生动的社会关系中，大学生充分感受着个体思想品德社会化和社会思想品德个体化的双向作用。

"教育育人""管理育人"和"服务育人"合力机制的前提是分工，只有在明确的工作分工基础上才会有真正意义上的合作。高校职能部门应该明确各自的岗位职责，对于新时期的新工作要加强沟通协调，不能够以"这是学生的事情"为理由随便推诿给学生的高校辅导员，增加高校辅导员工作的负担。高校辅导员作为思想政治教育工作的重要主体，承担德育中的专项性工作，是大学生日常管理和教育的实施者。高校辅导员等德育工作主体不应该也不能够取代全员育人机制中的"全体"。大学生德智体美劳全面发展需要在高校具体的现实社会关系中全面展开，这既是全员育人机制的构建基础，也是德育工作主体不能够替代教职员工"全体"的重要原因。高校的全员育人机制，需要体现学校德育工作的整体性，通过德育工作主体的协调和控制工作，使"教育育人""管理育人"和"服务育人"中的教育影响要素发挥正向的一致性作用，避免不同来源的教育影响互相矛盾，影响大学生的价值判断和健康发展。

大学生思想政治教育工作主体范畴，包括高校辅导员和班主任，学校党政干部和共青团干部，思想政治理论课和哲学社会科学课教师。高校辅导员要和其他主体密切配合，各有侧重地开展工作，共同服务于高校的人才培养。

（四）提高高校辅导员专业水平，提升大学生的认同度

在高校实践中，高校辅导员工作的事务性和综合性是显性特征，而高校辅导员工作的学科性和专业性是隐性特征。特别是在高校辅导员专业化能力培养机制并不明确的前提下，高校辅导员的专业发展仍将处于静默的状态。没有相应的知识论基础的支持，缺失有效解决大学生发展问题的方法手段，在高校这样的知识王国中，高校辅导员工作很难得到和其他专职教师相同的认可度。只有不断提升

高校辅导员的专业能力，不断发展高校辅导员工作的学科基础，不断结合大学生的全面发展开展应用研究，不断创新高校辅导员工作的理论和方法体系，高校辅导员工作才能在情感交流方面成为大学生的知心朋友，在健康成才方面成为大学生的人生导师，真正履行党和国家赋予高校辅导员的重大职责和光荣使命。

第四节　工作管理体制

在领导管理体制中，高校辅导员管理实行学校和院（系）的双重领导体制，学校的学生工作部门与院（系）共同负责高校辅导员管理工作。双重领导并不是并行领导，而是在不同层次上明确相应的领导责任，学校主要是从宏观角度对高校辅导员队伍整体建设进行规划、部署和协调，而院系主要是从微观角度对本院系高校辅导员工作进行直接指导和安排。

在日常管理体制中，高校辅导员拥有教师和干部的双重身份。双重身份的管理体制是高校辅导员教育性和管理性兼具的工作职责的客观要求，其为高校辅导员的职业发展提供了重要的发展空间。作为教师身份，高校辅导员可以选择职业化发展道路，评聘思想政治教育学科的专业技术职务职称；作为管理干部，高校辅导员可以按照相关规定和选聘标准晋升行政级别。双重身份的管理体制拓展了高校辅导员的职业发展前景，提升了高校辅导员专业化的内在动力，充分调动了高校辅导员的工作积极性。

一、主要问题

（一）双重领导带来的双重管理导致高校辅导员工作角色的冲突

科学的管理体制对于组织的发展具有重要的意义。在管理科学领域，多重管理一直是困扰管理者的重要问题。由于高校的管理体制是垂直管理，高校辅导员不仅要直接受命于学院，作为学生工作人员或思想政治教育课兼任教师，还要接受学生处及思想政治教研部门的直接管理，甚至由于高校辅导员岗位职责不明晰等问题还要接受其他相关职能部门的间接管理。

相对于其他专职教师群体和管理群体，高校辅导员的上级主管部门比较多，多重管理的内在冲突直接影响着高校辅导员职业化的进程。在多重管理的模式下，不同部门有着不同的组织发展目标，对于高校辅导员有着不同的管理要求和任务分配。在很多时候，管理要求是有差异甚至是有冲突的，如对待学生考试违纪问题上，一般来说，学院的态度以保护学生的发展权利为主，并不倾向于使用过多或过于严厉的惩戒性的手段，特别是如受到严厉惩罚的学生出现了其他问题，如心理问题，自杀问题等，复杂的善后工作主要是由学院承担，对于学院整体工作也具有负面的影响。与此相反，教务处是负责学生学籍管理和纪律处分的部门，从营造良好的学校学习氛围、保证公正严肃的考试秩序、维护良好的学校声誉等角度出发，对于考试违纪的学生态度是非常严厉的，会采用惩戒性的手段处分学生，以达到惩戒错误，警示他人的作用。双方的出发点都有合理之处，但是在实际工作中，在多重管理的机制下，高校辅导员无疑成为事件解决的具体落实者。无论结果如何，管理部门都至少有一方不满意，工作中尴尬的两难境地，再加上和学生及家长方面的解释、沟通、安抚等工作，高校辅导员的压力可想而知。

（二）双重身份带来的职业附属地位解构了职业化要求

毋庸置疑，高校辅导员的双重身份具有政策上的合法性。高校辅导员是开展大学生思想政治教育的骨干力量，是高校学生日常思想政治教育和管理工作的组织者、实施者和指导者。高校辅导员的双重身份符合高校辅导员工作的教育、管理的双重功能。

然而，职业化发展作为高校辅导员队伍科学化建设的基本思路，在高校辅导员的双重身份的职业地位面前似乎是进退维谷。应该如何认识双重身份的附属职业地位和职业化对独特职业地位的内在要求，在实践中是否仍要坚持高校辅导员职业化的思路，抑或在双重身份的优惠倾斜政策中各得其所，双重身份更像是一把双刃剑，成为高校辅导员队伍建设中急需解决的一个问题。

二、解决路径

（一）辩证认识双重管理和统一管理的关系，加快职业化发展

现行的双重管理领导体制是根据高校辅导员的实然状态确定的基本体制，是实事求是的，然而，不能固化地理解双重管理的领导体制，将其认为是不可更改的，而是应该从高校辅导员职业化发展的视角，辩证认识双重管理和统一管理的关系，努力提升高校辅导员职业化水平，使专业从业水平得到广泛的社会认可，逐渐实现独立的职业地位，并在条件成熟时实行高校辅导员工作的统一领导体制。可以考虑在学校层面设置学生工作委员会，在其统一领导和管理下，按照高校辅导员职业化建设方向，明确高校辅导员的岗位职责，明晰高校辅导员的权利和义务。在具体管理机构设置上，由学生处直接管理负责各院系高校辅导员队伍建设及相关的选拔、培训、考核、激励等环节。高校辅导员直接向学生处负责，不再隶属于学院但保持密切的合作关系。这样既保证政令统一，提高工作效率，也可以使高校辅导员提高工作归属感，增进工作认同。

在高校辅导员工作管理中，要逐渐实行垂直的条状管理，改变现有的条块管

理的模式。当然，在学院层面，还是有专职高校辅导员负责工作的，只是改变多重管理的状态。在学院工作层面，可以参考借鉴英国高校学生事务管理中"学生导师制"的做法，即在院系一级，由院长和系主任负责学生事务，并在每个学生入学之后安排一位专业教师作为个人导师，具体负责专业学习和个人日常生活方面的事宜，也可以设有高级导师，负责学院全体学生的指导，也可以指定专人负责职业指导等相关事务。重要的特点就是，学院的学生事务工作人员都是兼职的。学院学生事务部门和学校学生事务部门不存在领导与被领导的关系，只是工作业务上的合作关系。

在学生处的统一领导体制中，按照有利于高校辅导员职业化发展的原则，设立相应的专业咨询中心，作为高校辅导员进行咨询、研究、学术发展的基地，为高校辅导员职业化发展提供必要的组织保证和学术支持。在这方面，可以参考借鉴美国及中国香港高校学生事务管理的比较成熟的做法，和我国学生具体实践相结合，探索适合中国国情的学生工作模式，探索中国高校辅导员的职业化发展道路。在美国和中国香港，重要的专业咨询中心有心理咨询中心、学生服务中心、职业发展中心等。其中，心理咨询中心主要是通过团队咨询和个体咨询方式解决学生在学习、生活等方面遇到的心理问题，帮助大学生适应环境、发展认知、解决问题和冲突。学习服务中心帮助同学们掌握学习技巧，包括记忆规律、学习方法、考试策略安排等。职业发展中心主要是通过咨询讲座、心理测评、模拟面试等方式帮助学生确定并寻找适合的工作，主要包括就业技巧指导，如个人性格测评、书写简历、面试技巧等，并帮助提供适合的工作岗位和实习岗位。

（二）明确高校辅导员工作职责，明确双重领导的权力边界，达成共识

由于高校内部对于高校辅导员的工作职责没有达成基本共识，伴随着高校学生管理难度的加大，高校辅导员的工作角色冲突问题日益严重。特别是在某些高校，除院（系）和学生处双重领导部门的直接管理外，其他职能部门也会将其权责范围内的工作以各种莫名的理由强加到高校辅导员身上，无形中增加了高校辅导员的工作压力和精神负担，降低了工作主体性，削减了工作成就感。如某些高校将入学户籍审核、四六级报名等保卫部门、教务部门的具体明确的工作都转嫁到高校辅导员身上，高校辅导员不堪重负。因此，在高校整体范围内明确高校辅导员工作职责是解决高校辅导员工作压力大、任务复杂的现实途径。同时，作为高校辅导员两大主管部门的院（系）和学生处，要明确各自的权力边界。由于这方面的规范很少，更多的是参照传统的管理做法或领导具体的做事风格，导致高校辅导员的工作经常处于不确定的状态，使高校辅导员的心态很难真正平稳。明确双重管理主体各自的权力边界,加强规范化管理,是非常必要的现实举措。

(三)辩证认识高校辅导员职业化发展和双重身份的关系,依托双重身份实现职业化发展

高校辅导员的双重身份营造了良好的社会舆论,给予了支持性的物质保障,为高校辅导员职业化发展创造了良好的政策环境。可以说,高校辅导员的职业化发展在国家的大力支持下,在双重身份的管理体制中,从社会认同、学科建设、行业组织到个人待遇及职业发展都已经取得了长足的进步,呈现出良好势头。"按照专业化发展理论,专业的发展都会遵循着从低到高,从初级专业到成熟专业的发展历程。因此,无论是从高校辅导员的集体层面,还是从高校辅导员的个人层面,都要有一种价值坚持和专业愿景,那就是通过高校辅导员专业化发展,在专业相对成熟的时候,摆脱双重身份的界定,重塑高校辅导员作为专业群体的独特的身份特征。虽然这会是一个历史的发展过程,但重塑高校辅导员身份理应成为高校辅导员职业化发展的价值目标。"

(四)不断提高高校辅导员相关政策规定的法律位阶,为职业化发展提供刚性的法律保障

全国人民代表大会及其常委会制定、修改的法律效力位阶高于由国务院制定的行政法规,而行政法规的效力位阶高于国务院各部委制定的行政规章。目前,关于高校辅导员及高校辅导员职业化发展的政策规定大多数属于行政规章,不具有真正的法律效力。为了进一步推进相关政策规定的切实落实,高校辅导员及相关部门一方面要积极争取多方面的社会支持,促进相关政策规定逐步提升法律效力位阶,另一方面要呼吁提议在《中华人民共和国教育法》《中华人民共和国高等教育法》《中华人民共和国教师法》等相关法律中增补体现高校辅导员及高校辅导员职业化的相关规定,为高校辅导员职业化发展提供刚性的法律保障。

第五节 工作运行机制

在建立健全高校辅导员双重领导管理体制的基础上,要通过系统的制度化的方法,形成高校辅导员实践工作中的运行机制。具体来说,包括准入制度、培训制度、考核制度、激励制度和工作模式,上述环节紧密联系,有机结合,共同形成高校辅导员的工作运行机制。

一、路径建设

（一）打造多元化背景的工作团队

高校辅导员团体既是管理服务的团队，也是教学研究的团队，特别要强调的是，只有依托教育研究的成果和实力，才能够提升高校辅导员的专业化水平，才能够提高管理服务的水平，为大学生的全面发展提供支持，促进高校辅导员队伍的职业化发展。高校辅导员团体作为一个教学研究的团队，和其他专业课的教学研究团队一样具有基本的共同特征和需求，要按照教育规律进行科学的组织和管理。通过打造多元化背景的工作团队，营造多元统一的团队文化，可以使团队成员之间优势互补，形成学科研究合力，促进个人成长和团队发展，形成个人与团队互相依靠、彼此促进的良好互动关系。在实践中，不同的大学在历史发展过程中形成了独特的校风校训，各高校独特的教学科研、学术训练或社会实践也会深刻地影响其中的学子。可以说，每个大学生，都是高校环境的产物，都会在高校潜移默化的影响下形成相对独特的做事风格和研究特色。在多元化背景的高校辅导员团队中，不同的校园文化互相交融、互相激发出新的灵感，有效推动团队的可持续发展。即使是选聘留校毕业生担任高校辅导员，也不宜超过一定的比例。

（二）拓宽选聘途径

职业化的重要特征就是社会化，要从社会范围内建立广泛的选聘途径，逐渐形成社会化、市场化的选聘格局。在这方面，很多学校都已经进行了实质性的探索。如高校之间互相派驻专职高校辅导员到对方学校交流学习甚至是岗位实习半年或者一年，比较全面地了解其他高校的学生工作经验和特色，为本校学生工作的开展提供支持借鉴。另外，一些政府部门也会根据情况派驻学生高校辅导员到各高校协助工作，例如，新疆曾经派驻专门负责少数民族事务的专职高校辅导员负责协助管理高校的少数民族学生工作，由于具有相同或相近的民族文化背景、语言沟通基础和风俗生活习惯，少数民族学生群体中一些深层次的问题和矛盾能够得到及时有效的解决，对于本校专职高校辅导员提高处理少数民族学生事务的能力也有很大帮助。

（三）高校招聘的标准化建设

在国家政策要求的基础上，以统一的高校辅导员行业组织为依托，完善高校辅导员职业能力的标准化评估工作。在此基础上，高校可以根据各自的办学特色和学生工作传统，进行岗位职责的具体规范，一方面，可以使应聘者对照具体的岗位职责衡量自己是否适合上述岗位，进行个体评估和岗位申请，另一方面可以节省招聘委员会和相关决策人员的时间成本，既降低了人力资源管理的复杂程度，也使得高校辅导员选聘工作的科学性基础得到保证。

（四）选聘配齐专职高校辅导员

高校辅导员作为大学生思想政治教育的引导者，日常事务的管理者，在常态工作环境下要面临着繁重的事务性工作和复杂的个性化问题，高校辅导员的管理幅度和高校辅导员的工作效果直接相关。教育主管部门应该将高校辅导员选聘数量是否达标作为高校质量评估的考核标准之一。另外，教育主管部门在监督检查高校辅导员队伍建设工作时，要明确界定专职高校辅导员的外延，避免将专职高校辅导员和兼职高校辅导员、高校辅导员和班主任混为一谈，督促高校真正落实"选聘配齐专职高校辅导员"。

二、考核制度

考核制度是对组织成员的工作过程和状态的一种评估。通过考核，可以使组织成员对工作状态有一个比较明确的认识。考核制度是高校辅导员运行机制中承上启下的关键环节，其和培训制度、激励制度密切相关。在高校辅导员考核中，一般采用全面性、公正性、目标性、适应性和应用性原则。全面性原则要求考核的内容全面反映高校辅导员工作情况；公正性原则要求以工作实际成绩为基础进行评估；目标性原则体现个人目标和组织目标的一致性；适应性原则要求根据情况变化调整考评体系；应用性原则强调考评结果的激励价值。

（一）主要问题

1. 考核主观性强，流于形式

虽然考核内容明确在德、能、勤、绩四个主要方面，但是量化的考核指标很少，无论是个人述职，还是学院、学生、主管部门、领导同事的评价，主观性都比较强。特别是在考核结果与激励措施不直接相关的时候，考核更多是流于形式。

2. 考核指标一刀切，没有针对性

由于关于高校辅导员的胜任素质体系的研究不是很深入，因此在实际工作中，无论是新入职的高校辅导员，还是任职多年的高校辅导员，抑或是主管学生工作的学院副书记，只要属于高校辅导员编制的，基本是按照统一的考核指标进行考核，没有适用对象的区分，针对性比较差。

3. 考核与培训、激励联动较少

高校辅导员的考核虽然名义上由组织人事部门、学生工作部门、院（系）和学生共同参与，但是考核结果，特别是考核优秀的高校辅导员与考核较差的高校辅导员在培训和激励方面的差距并不是特别大，考核经常和职务聘任、奖惩、晋级及培训等不直接挂钩。

（二）路径建设

1. 逐步建立考核的主客观标准

从学科的发展趋势来看，标准化的过程正是专业化能力提升凝练的过程。标准化对于职业内部来说，是统一职业理念、贯彻职业原则、形成职业规范的过程；标准化对于职业外部来说，是专业化的外在表现，是赢得社会认可的重要基础。在高校辅导员职业化的过程中，需要在充分调研的基础上，将理论和实际相结合，逐步打造具有可操作性的考核标准。通过与考核标准的对照，可以使得个人更明确地认知工作状态，形成自觉的发展动力，进行有目标的个人调整，从而在保证个人发展的基础上，实现与组织发展的良性互动。

2. 考核标准要具有适用性

考核标准要根据高校辅导员的结构体系进行相应区分，要和不同对象的特征相匹配。如新进高校辅导员，重点考核其适应能力和工作态度；工作五年及以上的高校辅导员，要重点考核其发现、分析和解决问题的能力；对于领导岗位上的高校辅导员，要重点考核其学生工作发展规划能力和重大问题的解决能力。

3. 将考核纳入人力资源管理体系中

科学的考核过程固然重要，但是考核作为人力资源管理中的一个环节，不是结果，而是手段，必须和激励、发展等环节结合起来，才能实现考核的真正价值。只有将考核的科学性和考核的应用性完美结合，才能够真正促进高校辅导员的队伍建设，提高高校辅导员的工作积极性和创造性。特别是对于考核优秀的高校辅导员，要根据个人的实际情况给予有效的激励，从而营造高校辅导员队伍中积极上进的良好氛围。

四、激励制度

从高校辅导员的队伍建设方面，要建立完善大学生思想政治教育专职队伍的激励和保障机制，完善思想政治教育队伍的专业职务系列。从高校辅导员的具体发展方面，要着力建设一支高水平的高校辅导员、班主任队伍，学校要从政治上、工作上、生活上关心他们，在政策和待遇方面给予适当倾斜。

（一）主要问题

1. 物质激励水平较低

物质报酬作为激励因素中的保健因素，虽然大幅度提升不能够产生显著的激励作用，但是不合理的物质报酬会严重削减工作动力。高校辅导员承载着教师和管理干部的双重身份，担负着双重甚至更多的责任，但是从高校平均薪酬来看，高校辅导员的物质报酬处于中等偏下的水平

2. 荣誉激励缺乏

按照马斯洛的需求层次论，生活和安全是基本的需求要素，荣誉是更高层次的需求要素。在高校评价体系中，由于高校辅导员的双重身份和职业地位的不明确，在高校评选优秀教师和优秀管理者的时候，高校辅导员都处于比较尴尬的境地。这一方面影响了高校辅导员的自我认可，另一方面也影响了其他教师群体和职能部门对于高校辅导员的看法。

3. 发展激励不到位

职业化的核心要点就是职业人可以在职业内成就事业，实现自我价值。相应来说，影响自我实现的发展性因素也是最重要的激励因素。而在高校辅导员职业发展过程中，发展激励措施常常处于缺失的状态。在高校环境中，对于教师来说，自我实现的最重要的表征就是职称，对于管理者来说，自我实现的最重要的表征就是职务。对于高校辅导员整体来说，在职业化过程中，无论是职称，还是职务，都处于比较被动的局面。

高校在高校辅导员的评聘过程中，要综合考虑，统筹安排，将科研工作和实际业绩有机结合，制定相应的倾斜照顾政策，不断完善高校辅导员的职称评定体系。虽然有政策的规定，但是在普遍的高校实践中，职务和职称问题仍旧是困扰高校辅导员工作队伍，影响高校辅导员职业化稳定发展的重要因素。

高校辅导员和其他专职教师相比，需要投入更多的时间精力打理学生事务，在学术研究上很难投入太多。高校辅导员专业化建设在全国高校也是刚刚起步，专业化团队模式还没有成熟，团队研究实力还没有形成，高校辅导员普遍自我信心不足，不愿意尝试"不可能的任务"，这是影响高校辅导员职称晋升的重要内在因素。

（二）路径建设

1. 保证高校辅导员薪酬不低于同级别教师水平

只有对于高校辅导员的工作付出进行合理的评价，才能够实现相对的公平，保护高校辅导员的工作热情。高校辅导员弹性工作制度的规范执行及岗位津贴的考核发放也可以构成高校辅导员薪酬的组成部分。专门针对高校辅导员的岗位津贴不仅仅是物质报酬上的补偿，更意味着对高校辅导员工作的认可。

2. 事业留人、发展留人

高校辅导员的生涯发展对高校辅导员的自我实现意义重大。只有在高校辅导员工作中实现自我价值，高校辅导员才能够全身心地投入职业发展中，并将高校辅导员工作作为毕生的事业进行追求和探索。而职业能力的发展是高校辅导员成就职业荣誉，实现自我价值的重要途径。

五、工作模式

模式的本源含义是指事物发展变化的特定方式，体现了事物普遍联系和相互作用的一定规律。但是在广泛的实践运用中，模式更多被认为是具有示范价值的系统的工作方式方法，如管理模式、组织模式、发展模式等。随着时代的发展和社会需求的变化，传统经验式的工作方式，师徒相授式的技能传承已经不能够适应高校辅导员职业化发展的客观要求。如何推动高校辅导员工作从传统的经验型向时代呼唤的科学型转变，是促进高校辅导员职业化科学发展的重要课题，特别是微观层面上高校辅导员队伍组建模式、发展模式存在的诸多问题，需要我们不断进行探索。

（一）高校辅导员队伍组建模式

在高校辅导员职业发展的长期实践中，在国家政策导向和社会需求转化的影响下，形成了各有特色的高校辅导员队伍组建模式，主要有兼职模式、专兼职模式、专业化团队模式和生活共同体模式。高校辅导员队伍组建模式的主要问题主要有以下四种。

1. 兼职模式不能够适应大学生发展的实际需要

清华大学首创的"双肩挑"式的兼职模式在新中国成立以来的高校思想政治工作中发挥了重要的示范作用。但由于兼职模式的实施需要具备一定的基本条件，如健全的组织管理、深厚的校园文化氛围、优秀的生源和完善的岗位培训机制等要素，客观上造成了兼职模式使用范围的局限性；另外，兼职模式具有工作周期短、工作流动性大和工作专业积累性弱等内在特征，这和大学生的发展诉求之间存在着不可调和的矛盾，极大地制约了大学生的全面发展和高校辅导员职能的有效发挥。

2. 专兼职模式存在着多层面的结构矛盾

目前，专兼职模式是各大高校普遍采用的高校辅导员队伍组建模式。从高校辅导员职业发展历程中可以发现，在相当长的一段时间内，不论从国家政策层面的规定，还是高等学校的具体实践中，以兼职为主成为默认选择。从高校辅导员职业化正式提出以来，专职高校辅导员的地位和认同明显提升，即便这样，专职高校辅导员的编制在众多高校仍然不能够得到保障。虽然目前大多数高校已经采用"专兼结合，以专为主"的队伍组建模式，但是从高校学生总数与专职高校辅导员的比例来看，专业高校辅导员的配备是相当短缺的。

在上述的基本状态下，专职高校辅导员的工作压力大，高校辅导员没有时间和精力关注和发展自身的核心竞争力，在职业发展路径不明确的前提下，会导致专职高校辅导员职业选择中的短期行为，并将高校辅导员工作看作一个过渡性的岗位，这对高校辅导员的职业化发展有着巨大的冲击。

3. 专业化团队模式缺乏制度支持和发展动力

专业化团队模式是提升高校辅导员职业化能力的重要举措。美国、中国香港高校在教育实践中充分运用专业化团队模式，在为学生提供专业化咨询和服务的同时，不断深化学生事务管理人员对于专业领域的认识和研究，形成教学相长的良性循环，取得了良好的学生辅导效果，也得到了社会的普遍认可。在中国高校，专业化团队模式在理念上得到认同，在实践中不断推进。然而，在高校辅导员的双重管理体制下，很难确定专业化团队模式的管理主体和资源投入主体。只有职业化理念，没有政策制度的支持和持续规划的资源投入，专业化团队缺乏发展的组织动力和物质保证，更多表现为面子工程或挂牌工程，难以进行实质性发展。

4. 生活共同体模式难以承载多项专业性职能

生活共同体模式的产生和发展伴随着高等教育的改革进程。在高校后勤社会化改革过程中，很多高校在政府规划下统一迁至大学城，规模较大的宿舍园区逐渐形成，这是生活共同体模式产生的客观条件。伴随高等教育学分制的逐步实施，原有的班集体组织模式和小班授课的方式发生了深刻变化，这是生活共同体模式产生的组织背景。生活共同体模式有利于集中管理，这一优势使其成为众多高校特别是综合性大学的选择。回顾高校后勤社会化改革的初衷，就是为了帮助高校解脱社会性负重从而能够专心投入高校的改革建设和战略发展。然而，生活共同体模式恰恰是在高校辅导员已经非常繁重的教育、管理和服务工作中增加了新的内容。生活共同体模式的"一揽子"功能解构了高校辅导员专业化的诉求。

上述主要问题的存在不仅制约了高校辅导员工作模式自身作用的发挥，更深层次的问题就是影响了高校辅导员职业化、专业化的发展进程。在高校具体实践中，上述模式更多的是在解决日常管理方面发挥作用。很多高校并没有从大学生全面发展与高校辅导员队伍科学化建设角度研究、设计和实施高校辅导员工作模式。高校辅导员工作模式关系到高校辅导员队伍的建设和发展，更关系到大学生非智力领域的拓展和深化，应该根据各校具体情况，采取长期战略和短期战术措施相结合的方式，按照高校辅导员职业化的基本要求进行组织设计和制度完善，不断推进高校辅导员工作模式的科学化发展。长期战略措施就是要逐渐弱化甚至取消兼职高校辅导员和生活共同体模式，加强专职高校辅导员模式与专业化团队模式的建设，立足于高校辅导员的职业化专业化，服务于大学生的全面发展。短期战术措施就是要针对各模式存在的主要问题进行整改和完善，在逐渐改革完善的过程中推动高校辅导员教育、管理和服务能力的提高，形成思想政治教育工作队伍普遍的理念共识。具体解决路径包括以下四个方面。

(1) 以专业化的要求明确兼职高校辅导员的基本职责

兼职高校辅导员在高校辅导员发展历程中占据了重要地位，在很长一段时间内发挥了重要的思想政治和意识形态保障作用，可谓功不可没。现阶段，高校辅导员职业化水平不高，高校辅导员工作队伍相关管理体制和运行机制还没有完全理顺，兼职高校辅导员在高校思想政治教育工作中仍旧发挥着一定的作用。但是，兼职并不意味着非专业化。专业化对于从业人员的专业素养、专业伦理和专业技能方面具有规范性的要求，对于个人专业能力的培养、个人潜能的发掘和提高从业水平具有重要的意义。回顾高校辅导员职业的发展历程，高校辅导员队伍中涌现过相当数量的治国英才和行业精英。虽然他们离开了具体的高校辅导员岗位，但是高校辅导员岗位的历练使得他们具有坚定的思想政治素质、无私奉献的敬业精神、统筹兼顾的组织能力，这对于他们个人的成功发展是至关重要的基础。通过兼职模式的专业化建设，可以部分弥补兼职高校辅导员工作周期短、工作流动性大和工作专业积累性弱等内在缺陷，为更好地完成高校辅导员的光荣使命奠定必要的专业能力基础。

(2) 以充足的编制配备专职高校辅导员队伍

无论高校辅导员是以教师身份进行教育活动，还是以管理者身份开展组织管理工作，合理的管理幅度都是取得良好工作效果的前提条件。只有高校认真落实国家及教育部的相关政策，给予高校辅导员队伍发展相应的重视和充足的编制保证，高校辅导员工作的科学化、精细化才有可能真正实现，大学生的全面发展才有可能真正实现。

(3) 明确管理主体和资源投入，促进专业团队化模式的健康发展

专业化团队模式是推动高校辅导员职业化的重要载体。专业化团队模式作为新生事物，在高校辅导员双重领导的体制下缺乏明确的管理主体。作为管理主体之一的院系，其精力和资源集中于学科建设、专业教师和高层次人才的培养，对于高校辅导员专业化建设既无暇管理也少有资源投入。作为管理主体之一的学生工作职能部门，虽然从整体上负责全校学生的教育管理工作，负责高校辅导员的管理培训等事宜，但是其行政管理经费相当有限，面对专业化团队模式的建设投入是心有余而力不足。强有力的管理主体和必要的资源投入是专业化团队模式的基本条件。因此，在专业团队化模式建设上，需要明确更高层级的高校管理主体，可以尝试在高校党委直接领导下成立高校学生工作发展委员会，即由学校党委书记担任主任，由分管学生工作的党委副书记担任副主任，学生处、教务处、财务处、各院系主要领导参与的组织管理机构，对于专业团队化模式的构建和发展可以由学生工作职能部门提交方案，由委员会审核通过并付诸实施。

(4) 以专业性发展为原则重构生活共同体模式

目前的生活共同体模式更多体现为高校辅导员工作地点的变化和工作内容的泛化。高校辅导员主要是依托院系专业、年级、班级组织开展工作，工作范围广泛，很难在工作中培养专业化能力，这对于高校辅导员工作水平的提升和大学生问题的有效解决都是根本性的制约要素。因此，必须在专业性发展原则基础上重构生活共同体模式的价值，如可以尝试打破院系管理的壁垒，在学校层面统一配备生活共同体模式下的高校辅导员。高校辅导员可以根据自身的专业兴趣和专业发展方向，在涉及大学生全面发展的学习指导、心理辅导、社团活动、职业规划等领域开展相应工作，在工作量稳定的基础上实现专业化的质性发展。从另一个角度说，也是专业化团队模式与高校规模化集中住宿形势的一种有机结合。只有坚持专业性发展的原则，生活共同体模式才能够具有强大的生命力。

从高校辅导员队伍组建模式的主要问题和解决路径分析看来，专业化发展是高校辅导员开展工作需要依据的黄金定律。非专业化的建设理念和非专业化的建设途径，都会对高校辅导员职业化的进程产生消极影响。在高校辅导员大力争取外部权力和资源的时候，也要时刻谨记自身的责任和使命，坚持内外兼修，对内提高高校辅导员从业人员的专业素质，对外加强高校辅导员体制机制建设，通过自身的作为赢得广泛的社会认可，最终实现职业化水平的提升。

（二）高校辅导员队伍发展模式

高校辅导员的职业化发展离不开高校辅导员队伍的发展，高校辅导员队伍发展模式在提高高校辅导员个人专业素养和综合能力，提高高校辅导员群体的凝聚力和战斗力方面具有重要意义。从高校辅导员工作的普遍实践中归纳总结，高校辅导员队伍发展模式主要有组织推动型模式、学习型团队模式、项目管理小组模式。高校辅导员队伍发展模式的主要问题有以下三种。

1. 组织推动型模式重视外延拓展而忽视内涵建设

在国家政策的积极影响下，为进一步推动高校辅导员队伍建设，高校辅导员主管部门和相关组织给政策、搭平台、出经费，通过培训基地建设、学位发展计划等具体措施为高校辅导员职业化发展提供组织支持。

但是由于组织推动型模式较多关注覆盖范围，缺乏对过程的科学设计和有效监控，对于内涵要求没有明确的界定，客观上影响了组织推动型模式的长期效果。从各省市的普遍实践来看，培训工作是组织推动型模式的重要途径。而高校辅导员培训工作中重视广泛性，缺乏针对性，重视灌输性，缺乏主体性，重视资格认证，缺乏监督考核等内在矛盾也严重制约了组织推动型模式的发展。

2. 学习型团队模式呈现零散化、自发性

"学习型组织，是指能够有意识、有系统和持续地通过不断创造、积累和利用知识资源，努力改变或者重新设计自身以适应不断变化的内外环境，从而保持可持续竞争优势的组织。"学习型组织在高校辅导员实践中呈现出不同的表现形式，如组织性较强的高校辅导员协会、交流互动性较强的高校辅导员沙龙和论坛、研究性较强的科研课题团队等，其在高校辅导员队伍职业化建设中发挥了重要意义，特别是在统一内部认识、扩大对外宣传方面提供了更加民间化、生活化的渠道。

然而，从全国来看，学习型组织模式发展很不平衡。现有的高校辅导员协会、高校辅导员沙龙和论坛、高校辅导员专业期刊和以高校辅导员为主体的科研团队，没有广泛的学科影响力。这种零散化、自发性的学习型组织基本状态不能够适应高校辅导员队伍建设和发展的需要。

3. 项目管理小组模式非常态化特征明显，重视实务工作忽视理论建设

项目管理小组模式最初是管理科学中的概念，主要是指在组织任务完成需要多层面人员参与的时候，从传统的组织机构中抽调相应人员组成特定项目管理小组，有利于灵活机智、及时有效地解决问题，实现组织目标。从项目管理的基本要求可以看出，其具有暂时性、灵活性和平等性等特征。

项目管理小组模式在高校教育实践中占据了重要地位。由于项目管理小组模式只是与重大、紧急任务相联系，其在日常学生管理和高校辅导员持续发展中发挥的作用非常有限。同时，重大活动积累的宝贵经验难以转化成理论，项目管理小组模式的意义、价值很难得到广泛的推广和深入的传承。

总结高校辅导员队伍发展模式的主要问题，可以发现集中在两个方面：第一，高校辅导员队伍发展缺乏明确、权威的管理主体；第二，高校辅导员队伍发展缺乏学科专业力量的有效支撑。因此，解决上述高校辅导员队伍发展模式的主要问题应该从以下两个途径入手。

（1）明确高校辅导员管理的权威行政主体

教育部作为教育的宏观管理部门，更多是在高校辅导员发展的政策和规章制定方面发挥重要的作用。从高校辅导员队伍建设的具体规划和运作角度来考察，行政权力的分散运作，既不利于资源的统筹安排，也不利于高校辅导员队伍的建设。如果在教育部相关规定的基础上，设置全国性的高校辅导员工作主管机关，对各省市、各高校不同层面的高校辅导员工作发展目标和任务进行规范，搭建高校辅导员工作管理主体的立体组织架构，对于高校辅导员职业化的发展将是重大的组织保障。明确高校辅导员管理的权威行政主体，有利于统一发展理念，明确发展目标，整合发展资源。在明确的组织管理体制中，高校辅导员工作的主要问题可以及时反映给各层次的主管部门，上级主管部门可以通盘考虑高校辅导员工作的部署安排，在征求各方面专家学者意见的基础上，制定科学决策和具体制度，并以行政命令的方式及时有效地贯彻到各高校的具体实践中。

（2）重视学科价值，大力发展高校辅导员专业组织

学科发展在专业化发展中具有根本性的意义。在高校辅导员职业化水平较低的现今阶段，更要重视学科发展及其知识论基础对于高校辅导员工作科学化的指导价值。根据高校辅导员工作实践性的特点，努力在思想政治教育学科的应用理论研究和实证研究方面寻找学科生长点；根据高校辅导员工作综合性的特点，在交叉学科视野中，运用多学科的理论和方法进行创新研究。"复杂的组织是以其任务的高度专业化和高度分工为特色的。这种差异出现在两个方面——以等级系统为代表的垂直方面和以部门化为代表的水平方面。"如果说高校辅导员的权威管理主体代表着等级系统的垂直方面，那么从某种意义上讲，高校辅导员的专业组织就代表着部门化的水平方面。因此在统一高效的行政管理体制之外，还要充分调动专业组织的活力，发挥专业组织在专业发展、工作标准制定、伦理道德规范方面的重要作用，使行政管理和专业组织管理优势互补，搭建多层次、全方位的组织管理体系。

高校辅导员职业化发展是时代发展的呼唤，是社会建设和人才培养的需要，是高校辅导员队伍建设的主体性诉求。在国家的政策支持和各方面的协同努力下，高校辅导员职业化进程顺利展开。高校辅导员的双重身份为高校辅导员职业化的现实发展创造了良好的政策环境、营造了良好的社会舆论，给予了支持性的物质保障。高校辅导员职业化的发展，一方面要依托双重身份的政策优势，抓住历史发展机遇，实现内外兼修；另一方面要积极应对挑战，努力解决学科建设、行业组织建设、高校系统、管理体制和运行机制建设方面的深层次矛盾和问题。只有以科学发展的态度面对历史机遇与挑战，积极推动高校辅导员职业化进入更加成熟的阶段，才能逐渐摆脱高校辅导员双重身份的界定，最终塑造高校辅导员独特的身份特征。这将是辩证发展的历史过程，但无论从高校辅导员组织层面，还是从高校辅导员个人层面，都应当有这样的价值坚持和专业愿景。[①]

---

① 池源.新时期高校辅导员职业化发展的创新研究［M］.北京：冶金工业出版社，2020.

第七章 高校辅导员教育培养

第一节 培养阶段的定位与教学

一、构建职前的专业培养方案

随着近几年研究的深入和实践的突进,有关高校辅导员专业培养体系的研究成果也比较丰富。从专业化建设的理论维度来讲,有的从高校辅导员专业化建设的视角出发,分别对高校辅导员的思想本质、专业知识、组织能力、心理疏导能力的特殊性及其建设进行审视;有的从构建高校辅导员建设的标准体系,包括专业知识和技能、专业道德、专业职责和专业管理等五个子系统;有的基于高校辅导员建设的宏观视角,从学科建设、管理机构、队伍培训、评价体系等进行定位;也有人强调用职业定位、基地建设、专业学位、职级晋升进行高校辅导员专业化建设的制度设计;还有人提出通过选聘、分层、激励、保障、评价机制,保障高校辅导员专业化的有效性,这些研究的既有成果为我们进行高校辅导员专业化培养体系方面的研究提供了基础,对后面的研究也具有指导意义。可是,现实中高校辅导员发展的实际问题为什么一直没能得到解决呢?这是我们研究中重点思考而且要解决的问题。

高校辅导员专业培养的课程设置应主要围绕高校辅导员的基本工作,如思想道德教育、学生事务管理、职业生涯规划与发展、心理健康教育与咨询、人力资源管理、公共关系、高等教育基础理论、现代学习的理论与方法引导、管理学基础、社会学及法律理论与实务等。教育学、思想政治教育、心理学等都是课程体系的重要组成部分。在课程目标上,本着"不仅要给予未来教师或在职教师所缺乏的一定教育理论知识、技能、态度和信念,而且更要揭示、分析和发展他们已有内隐的教育知识、技能、态度和信念"。理论上讲这是符合课程逻辑的，也是针对高校辅导员这个职业的特殊需要的。在研究高校辅导员专业课程开设的过程中，我们发现在课程实践方面的飞速发展显示出的问题，与教师专业发展中的问题一样，"通常情况下，理论研究总要滞后于实践的发展，在课程领域也是如此"。在高校辅导员的课程领域，这个问题显得更突出一些。高校辅导员专业的学习可以分为探究学习和接受学习两种，如果说接受学习对应的是学科的话，那探究学习则对应的是活动课程。按照杜威的观点，活动课程是严格遵循探究逻辑的，它会让学生在活动和问题解决的过程中获得知识。如何实现科学地"在跑道上跑"的"过程"，课程目标的设定是基础。课程目标是教育目的和培养目标在课程里面的具体体现，再进一步分化就是教学目标。教学过程中"科学、高效、重建课堂文化至关重要"。高校辅导员专业课程的设置在活动方面应侧重于创设情境，用讨论、探索、头脑风暴的方式，建立独特的高校辅导员课程文化，使学生经过亲历来获得知识、情感和态度的提升，达到在未来学生工作中能解决实际问题的目的，使学生学习方式多样化，让学生提高学习的自主性。增强探究性和亲身体验，让学生在学习生活中善于发现问题，并有能力解决问题。前面分析过，高校辅导员工作内容的广泛性决定了必须具备思想政治教育、心理学、教育学、管理学等学科背景，有了这些知识储备高校辅导员才会拥有在实践中处理各种问题的管理能力。美国威廉康星奥克莱大学职业服务中心给新教师的提醒是：心态积极、重视沟通、值得依靠、有个人魅力、有组织能力、有责任心、激励人心、同情他人、反应灵活、尊重价值、知识渊博、创造不息、谨慎耐心、豁达幽默。要实现这样的培养目标，需要考虑到本学科的应用性特征，建议充分借鉴MBA教育的成功经验，大量结合案例研究与实习训练作为课程设置的基本原则。这样的培养过程会把高校辅导员培养成为"双师型"的学者和专家，有能力做到在辅导学生的过程中对自己的理论在实践基础上不是简单的复制，而是从实际出发进行新的创造。

在教学方式上，重视实践教学与案例教学，在课程组织方面以更大的灵活性和实用性为考虑前提，从培养方案进程表中可以看出实践课程学时要多于理论的。"教学的目的在于引导学生追求智力与人格的协调发展，引导学生学会做人。"

（一）培养目标

培养思想政治素质优良，具有坚实教育基础理论和系统的专门知识，掌握现代教育与管理的技能与方法，具有较高理论水平、较强实践能力、德智体美劳全面发展的高素质人才。毕业后从事高校辅导员工作，成为高校学生事务管理的专门人员及高校学生成长的领路人。

（二）培养要求

1. 理论要求

具有坚定的政治方向、热爱教育事业；具有良好的师德；具有良好的协作精神；有独立思考、理论联系实际、实事求是的科学态度和优良作风。

2. 业务培养要求

（1）掌握教育学基本原理及现代教育管理理念，懂得教育规律并具备自觉运用教育规律处理问题的意识与能力。

（2）了解教育对象的身心发展特点，掌握科学的教育方法和教育手段，具备一定的教育才能和教育管理才能，以及教育研究的能力。

（3）掌握心理健康咨询辅导的方法，看能力独立承担高校的学生心理指导工作。具有良好的个性心理品质和审美情趣，形成健全的人格和良好的道德修养。

（4）掌握大学生就业指导、党团建设指导的方法，能够承担大学生党团建设、实习、就业等的指导工作。

（5）具有健康的体魄，掌握科学锻炼身体的基本方法和技能；有良好的体育锻炼和卫生习惯，达到国家规定的锻炼标准。

（6）掌握一门外语，或者达到大学英语四级以上水平；熟练掌握计算机操作知识，通过全国高校计算机考试二级考试。

二、完善在职的持续培训体系

建立一整套与高校辅导员发展相适应的培训制度，能够全面开发高校辅导员的潜力与智能，为学生辅导工作提供支撑。培训的过程是要实现教育主体间的互动，有教师之间的教育教学经验交流互动；师生之间的互动，学生独特的视界发送丰富的信息给教师，学生成长的烦恼也是教师反思的动力，学生到校学习除了向老师向书本学习之外（网络或其他学习均可代替），也与老师形成互动关系；教师与学校管理者之间的互动，校长是教师的教学伙伴，从领导那获得教学新观念。培训是一种有组织的知识传授与技能传递，为了实现其预期的教育训练提高的目标，应注意培训内容的实用性与培训形式的多样性，核心是让高校辅导员通过培训具备专业的能力结构。

（一）培训内容要实用化

日常的培训即主要针对新上岗人员的培训基本处于以老带新的局面，自行摸索或经验总结的内容为主，培训方法简单、随意，培训的管理组织也缺乏计划性和系统性。新任高校辅导员里面年轻的占绝大部分比例，普遍存在人生阅历浅、岗位工作经验储备不足和知识结构相对单一的缺陷，基本上都难以适应现阶段对学生发展事务各方面的要求，所以构建中国高校辅导员专业发展的培训体系是非常必要的。这一特定类型的高等教育教师，其业务内容与其他教师是有很大区别，高校辅导员不能像专业教师那样将现有的专业知识直接传授给学生，具体工作难以量化。尽管专业的学习让高校辅导员具备了相当程度的专业和应用知识储备，一旦与学生工作实际接轨后，因学生专业指导的不同、校园文化的差异、社会发展变化等因素，又都会使高校辅导员在工作中出现各种不适应的情况。针对新入职的高校辅导员的培训在一定程度上解决了新任高校辅导员的岗前适应性问题，很受新任高校辅导员欢迎。对已经进入岗位一段时间的老高校辅导员来说，培训也同样重要。这也是符合新的学习观的主张："一辈子充电，一辈子放电。"要通过设置专门的机构及构建终身专业训练体系，全面地对高校辅导员进行科学的管理和培养，使他们更有效地履行高校辅导员的职责。入职前的培养和培训，以获得"高等教育高校辅导员教师"的资格证书为标志。进入岗位工作以后，应着重在工作中开展相关业务内容的培训，立足工作任务，设计指导性、实用性、针对性强的培训内容。

（二）培训形式要多样化

高校辅导员专业发展在现实工作中可能还是说起来重要，做起来次要的工作。时代在发展，未来不会是过去的重复。专业发展也可以理解为是对高校辅导员接受教育后还要不断接受再教育的过程，这其中面临的最大问题是如何将理论性的知识向实践性的知识转化。两者转化的方式通常有这样一些做法：同事相互指导、案例教学方法等，目的是使实践智慧得到不断提升。从高校辅导员发展内涵的角度来看，行政干预不是起决定作用的因素，但在中国，组织推动仍然是高校辅导员发展模式的一股主要力量。包括制定相关政策与发展规划、搭建发展平台、进行相应的制度保障等。教育部配套的文件其中所包含的培训规划、培训基地建设、高校辅导员骨干培训、高校辅导员专业团体建设等是从全国层面运用组织力量来推动高校辅导员队伍的发展。各省市进一步采取的具体措施与办法便是从省级层面进行的形式多样的组织推动。

第二节　在职阶段的培训与提升

一、高校辅导员的培训与提升

高校辅导员发展是一个持续化、终身化的发展过程，既要与瞬息万变的时势相适应，又要与学生的发展相吻合，高校辅导员不断进步、提高需要专业培养的依托，也需要培训体系的跟进。休伯曼的职业生命周期论说明：不同教龄的教师只要心理发展水平接近，就可能达到相同的专业发展水平。所以，要建立一整套与高校辅导员发展相适应的培训制度，全面开发高校辅导员的潜力与智能，为学生辅导工作提供支撑。

培训的过程是要实现教育主体间的互动，包括：教师之间的教育教学经验交流互动；师生之间的互动，学生利用独特的视界发送丰富的信息给教师，学生成长的烦恼也是教师反思的动力，学生到校学习除了向教师、向书本学习之外（网络或其他学习均可代替），也与教师形成互动关系；教师与学校管理者之间的互动，校长是教师的教学伙伴，从领导那获得教学新观念。

发展与现有培训形式形成对照。发展强调的是成长和实践的专业发展思路取向，将高校辅导员队伍看作具有自我生成能力和自我管理能力的专业共同体成员，从一种专业人员的角度看，他们学习掌握了专门的知识基础，形成了具有个性特点的岗位实践性知识。传统培训的实质是在用发展的幌子为"专业"遮掩耳目，究其实质，过去"重使用、轻培养、轻培训"的现象是长效机制方面的问题。高校辅导员专业发展方面的培训不是一朝一夕的工作，要建立长效机制，坚持使用与培养并重的原则，分层次、多形式、重实效地进行培训，岗前与在岗、全员与骨干、日常与专题、学历与非学历培训等相互结合，将学习进行到底，实现高校辅导员培训体系的全覆盖。要充分发挥教育机构和行业协会的力量，全面利用国内外的资源，挂职锻炼、出国学习考察等形式都要综合运用，保证所有培训措施都能发挥出应有的效用。建立长效培训机制的路径是通过组织建设规范和引领学生事务工作走向专业化，进而打造高校辅导员专业发展的平台，沟通政府、社会与高校，为高校辅导员专业发展提供物质资源建设保障。

二、高校辅导员岗位管理模式的实践样本

（一）高校辅导员职业的管理模式类别

1. 专兼职综合工作模式

高校辅导员发展的困境问题都可以归结为自身专业知识的有限性和工作现实需求的无限性之间的矛盾。前面我们分析过，面对学校各个部门分配的任务，高校辅导员在工作中表现得力不从心。高校辅导员现实工作的复杂性与某一具体专业的学习是矛盾的。传统的以班级为基本管理单位的直线型管理模式是目前各高校最普遍的高校辅导员管理模式。高校辅导员可简单划分为专职和兼职两类，无论是哪一类高校辅导员，他们的工作任务都是负责班级的所有学生事务。专职的来源就是岗位聘用的专职工作人员，兼职人员主要来自教师、研究生、高年级本

科生、院系其他行政人员，以及离退休工作人员等。专职高校辅导员保障性高，工作延续性高，尤其是在突发事件处理方面的优势明显。兼职人员因定期或不定期的轮换造成工作延续性很低。无论哪一种模式，专业化程度低是一个基本事实。专职模式下的高校辅导员在职务晋升、职称聘用方面的竞争相对激烈，工资及投入成本与兼职高校辅导员相比也大很多。对专职模式下的高校辅导员管理优化策略是切实落实高校辅导员的"双轨制"管理，就是高校辅导员的教师、干部双重身份管理，以及职务职称发展的双重路径。兼职高校辅导员管理模式的优化策略是加强高校辅导员工作制度化建设，加大人力投入和专业化培训，做好前后两任高校辅导员的工作交接及有关档案管理等。

2.专职专项工作模式

调查发现，尽管现在人们普遍认为高校辅导员工作辛苦，应该得到尊重，但这不是从专业的角度定义的。也就是说，高校辅导员的群体信任呈现的危机在专业教师、管理者、专家和学生的认识中还是客观存在的，即使对这个队伍的作用有信任，一些人仍然认为也不见得有必要进行专业的发展。要实现对高校辅导员队伍的行政承认到专业信任的转向，从根源上改变高校辅导员的传统管理体制是有必要的。相对于这种以年级和班级为基础的综合工作模式，也就是通常说的矩阵式工作模式，在近些年各高校对这项工作的探索中，特别是依据对学生工作任务的实际需要，一种基于职能进行专项工作分工的高校辅导员工作模式出现了，它对应的是专门的工作领域，工作的手段也更加专业化。中国的教育发展史上，高校扩招以后，随着上千甚至几千人的"超级"二级学院出现，一些高校通过学生管理体制改革将学生管理权限下移的过程中，为了应对激增的各个专项工作，改变了原来按班级配备高校辅导员的管理模式，而是在学院设置了专门负责这些专项工作的高校辅导员。这种矩阵式的专项工作模式是相对于直线型综合工作模式而言的。例如，在上海高校，千人以上的院系按工作职能配备党团建设、心理辅导、学生事务、职业发展等专项高校辅导员，这种专项分工模式既有利于扩大学生思想政治工作的覆盖面，也为高校辅导员专业发展提供了实践平台。这种模式的合理性就是在于从学生工作发展的现实工作环境需要出发，充分适应学生工作发展，也反映了高校辅导员实现专业化发展的趋势。

（二）专项分工管理模式的高校辅导员配置

变革是教育的永恒伴侣。高校在招生、就业及教学方面的改革持续不断地进行着，很多学校对一二年级学生实行通识教育，原有的班级、专业管理体制已不能适应这种教学改革的需要；有的学校实行多轨制分流培养教学，针对学生考研、就业等发展的不同需要，在教学的过程中会在行政班级基础上产生多个教学班；

公寓的后勤社会化管理及多校区的存在，使不同的校区、公寓也会存在不同的实际管理需要……一些高校在进行着实行考研、就业、公寓管理等负责专项的高校辅导员模式的尝试，也解决了现实高校辅导员管理中的一些问题。但同时也有相应的新问题出现，如负责专项的高校辅导员的业务培训问题。毕竟，专项分工对高校辅导员只是增加了工作的侧重要求，具体业务的专业性问题仍然没有解决。"专职高校辅导员可以按助教、讲师的要求评聘思想政治教育学科或其他相关学科的专业技术职务"，只要"相关"的字眼一出现，就等于在操作中没了下文，高校辅导员工作的每一个专项都可以成为一个人终身研究的专业，因此可以说高校辅导员管理制度的改革需要明晰，从而改变高校辅导员目前职业发展的随意和无序状态，给高校辅导员一个不再模糊的身份。这样的职业分工也符合帕森斯的"人职匹配"理论。（人职匹配的两种类型，一是条件匹配，即所需专门技术与专业知识的职业与掌握特殊技能和专业知识的择业者相匹配；二是特长匹配，即某种职业需要具有一定的特长或性格特点的人来从事。）社会职业有一条铁律，即只有专业化才有社会地位。专项分工是高校辅导员专业发展的基础，要改变原来完全按照班级配备的综合模式，实行按专项分工设置高校辅导员的工作模式，分专项对高校辅导员进行业务指导和培训，是解决这个问题的一个很好的路径。这样的管理模式可以使高校辅导员工作内容清晰化、具体化，使学生得到全方位的服务。[①]

---

① 史仁民.高校辅导员专业发展论［M］.北京：中央编译出版社，2018.

第八章 高校辅导员专业化发展的职业生涯管理

高校辅导员在高校中扮演着十分重要的角色，他们是大学生思想政治教育的骨干力量，是高校学生思想政治教育和生活学习管理工作的组织者、实施者和指导者，是学生的心灵导师和知心朋友。对高校辅导员进行职业生涯发展与规划的科学管理，有助于逐步构建高校辅导员队伍专业发展的长效机制，推动高校辅导员专业化发展上新台阶。这已经成为当前高校辅导员专业化发展的首要问题。

第一节 高校辅导员的职业生涯发展

在社会分工越来越细，求职与职场竞争越来越激烈的背景下，职业生涯的选择和职业生涯的发展对个人事业和人生价值的实现起到越来越重要的作用。什么是高校辅导员的职业生涯发展？高校辅导员职业生涯发展的相关理论有哪些？高校辅导员职业生涯的发展原则是什么？高校辅导员的职业生涯发展要经历什么阶段？如何实施高校辅导员职业生涯发展的管理？对这一系列问题的分析与思考，有助于高校辅导员对个人的职业价值目标的追求和实施，同时也有助于高校辅导员指导学生的职业生涯发展。

一、高校辅导员职业生涯发展的概念界定

加强我国高校辅导员职业生涯发展的研究，尤其是高校辅导员职业生涯发展的组织管理研究，首先必须对职业生涯发展的一些基本概念进行了解和把握。

（一）生涯

生涯一词，在英文中是career，有人生经历、生活道路和职业、事业的含义。生涯是生活中各种事件的演进方向与历程，是个人一生中所扮演的各种职业与生

活角色的展示与整合,由此表现出个人独特的自我发展形态,除了职位,还包括与工作无关的角色,如家庭角色、公民角色等。由此可见,"生涯"是指人生的整个过程及其关系的总和,不仅包括职业人生过程,而且包括职业前人生和职业后人生。

(二) 职业生涯

对于职业生涯的概念,早期是由沙特列(Shartle)提出的。他认为,职业生涯是指一个人在工作生活中所经历的职业或职位的总称。美国生涯辅导大师舒伯认为,职业生涯是指一个人终身经历的所有职位的整个历程,是一个人在工作生活中所经历的所有职业或职位的总称。因此,职业生涯是指个体在不同人生发展阶段所发生的一切事关职业的心理体验或心理历程,其中既包括价值观念、职业意识、职业态度等的养成与变化,又包括职业知识、职业能力和发展取向等的形成与发展。根据美国著名职业生涯管理研究专家施恩的有关理论,职业生涯主要包括两种:一是内职业生涯,是指从事一项职业时所具备的知识、观念、心理素质、能力、内心感受等因素的组合及其变化过程。内职业生涯因素的取得可以通过别人的帮助而实现,但主要是通过自己的努力追求而实现的,并且一旦取得就永远归自己所有,别人无法回收或剥夺。二是外职业生涯,是表示组织努力为员工在组织的作业生命中确立一条有所依循,可感知的、可行的发展道路。外职业生涯的因素包括:工作单位、工作地点、工作内容、工作职务、工作环境、工资待遇等,这些因素由组织给予,在个人职业生涯初期,它们往往与自己的付出不相符。外职业生涯的发展是以内职业生涯的发展为基础,只有两者达到和谐统一,才可能保证职业生涯的最终成功。

(三) 职业生涯发展

生涯发展指的是由个人心理、社会、教育、体能、经济和机会等因素综合形成的个人终其一生的发展性生涯历程,是个人自我认定、生涯认定、生涯成熟等特质的发展进程,包括个人的工作价值、职业的选择、生涯类型的选择等。职业生涯发展就是个体逐步实现其职业生涯目标,并且不断制定和实施新目标的过程。

作为社会中的众多职业之一,高校辅导员的职业生涯发展遵循一般职业生涯的普遍规律,但是也体现出高校辅导员职业生涯的特殊性。高校辅导员职业生涯发展就是指高校辅导员的职业素养、能力、成就、职称、职位等,随着时间轨迹而发生的变化过程及其相应的心理体验和心理发展历程。因此,高校辅导员职业发展包括两个维度:一是时间维度,即以人的生命的自然发展过程与周期来看待高校辅导员的职业发展过程;二是领域维度,即高校辅导员的职业生涯涵盖了发展的多个方面,包括职业理想、职业意识、职业价值观、知识水平、辅导观念、辅导能力、沟通和领导能力、辅导行为与策略、职称，以及对工作的心理感受等。

（四）职业生涯发展管理

职业生涯发展管理是一种对个人开发、实现和监控职业生涯目标与策略的过程。这个过程贯穿于人的一生，它能够帮助人们认识自我与社会环境，设定个人的职业目标，并制定与实施实现目标的策略。职业生涯管理可以从个人和组织两个不同的角度来进行。一是从个人的角度出发，是指个人制定自己的职业生涯发展规划，并实施管理，以保证个人职业生涯目标实现的过程，称为自我职业生涯发展管理。它一般通过选择职业、选择工作组织，在工作中技能得到提高、职位得到晋升、才干得到发挥等来实现。二是从组织和组织成员双方出发，针对个人和组织发展需要所实施的职业生涯管理，称为组织职业生涯发展管理。它是指组织从本组织成员个人的职业生涯发展需求出发，有意识地将其与组织的人力资源需求和规划相联系、相协调、相匹配，为成员职业上提供不断成长和发展的机会，帮助、支持成员职业生涯发展所实施的各种政策措施和活动，以最大限度地调动成员的工作积极性，在实现成员个人的职业生涯目标的同时实现组织的目标和可持续发展。在职业生涯发展管理的整个过程之中，个人和组织的作用是相互的。个人职业生涯发展管理和组织职业生涯发展管理的和谐是职业生涯发展管理有效开展的关键。所以，个人和组织只有相互配合共同实施好职业生涯发展管理，才能实现个人和组织的双赢。

高校辅导员职业生涯发展管理是高校根据学校发展和高校辅导员自身发展的需要，制定并实施促进高校辅导员职业生涯发展的各种政策措施和活动，旨在促进高校辅导员职业化，提升高校辅导员职业魅力，并在协助高校辅导员实现职业生涯发展目标的同时实现高校的育人目标。它主要包括两个层面：一是高校辅导员个人为了自己职业生涯发展的需要，主动进行自我职业生涯管理，即高校辅导员自我职业生涯发展管理；二是学校组织为了自身发展战略与办学目标的需要，帮助高校辅导员规划其职业生涯发展，并为高校辅导员职业生涯发展设计通道提供必要的培训、晋升等发展机会，即高校辅导员组织职业生涯发展管理。

二、高校辅导员职业生涯发展的理论

将职业生涯发展理论运用于高校辅导员队伍建设中，为高校辅导员职业生涯发展提供更多的发展空间和机会，对建设一支稳定的高水平的高校辅导员队伍，促进高校辅导员的专业化发展具有十分重要的价值。

（一）特质——因素理论

该理论是用于职业选择与职业指导的最经典的理论，其核心思想是在清楚认识、了解个人的主观条件和社会职业岗位需求条件的基础上,将主客观条件与社会职业岗位相对照、相匹配,从而选择一种职业需求与个人特长匹配的职业。该理论之所以受到广泛的重视和产生深远的影响,是因为它为人们的职业选择提供了最基本的指导原则——人职匹配原则,并具有很强的可操作性。帕森斯阐明了职业选择的三大条件:一是应清楚地了解自己,包括性格、能力、兴趣、自身局限和其他特质等资料;二是了解各种职业必备的条件及所需的知识,在不同工作岗位上所占有的优势、不足和补偿、机会、前途;三是上述两者的匹配,包括条件匹配和特长匹配,也就是人与职业的最佳搭档。

(二)人格类型理论

人格类型理论是美国著名的职业指导专家霍兰德于20世纪中期创立的,它一方面吸取了人格心理学的重要概念,认为职业选择是个人人格的反映和延伸,另一方面也是霍兰德本人职业咨询经验的结晶。霍兰德提出了一系列理论假设:一是大多数人的人格假设可以归为六种人格类型中的一种,即现实型、研究型、艺术型、社会型、企业型和传统型,每一种特定人格类型的人会对相应职业类型的工作或学习感兴趣;二是现实中存在与上述人格类型相对应的六种环境类型,即现实型、研究型、艺术型、社会型、企业型和传统型;三是人们积极寻找那些适合他们的职业环境,在其中他们能够充分施展自己的技能和能力,表达他们的态度和价值观,并且能够完成那些令人愉快的使命和任务;四是个人的行为是其个性特征和环境特征共同作用的结果。在上述理论假设基础上,霍兰德进一步提出只有某种类型的从业者与相应的职业相互结合,才能够使劳动者找到适宜的职业岗位,才能够使职业岗位获得合适的人才。

人格类型理论,一方面启示从事高校辅导员的个体不能仅凭个体的兴趣和职业倾向来决定自己的职业选择,而是应该从个体素质和能力与高校辅导员职业素质与能力的匹配程度来决定自己的生涯,为此高校辅导员应当从高校辅导员岗位职责出发,明确做好一名高校辅导员所应具备的素质能力,分析自身的知识结构、经历经验,以及优势不足。此外,高校要为高校辅导员职业素质和能力的提升提供足够的支撑和保障,引导个体在自我认知和环境认知的基础上确立自己素质能力的培养重点和职业发展目标。另一方面启示高校辅导员职业生涯发展中应当注重塑造高校辅导员的职业性格,促进高校辅导员个体与高校辅导员工作需要匹配度的提高。例如,根据霍兰德人格类型理论,可以发现高校辅导员工作一个基本的职业性格要求是社会型的职业趋向,对于高校辅导员而言就是需要高校辅导员喜欢与学生在一起,善于发现学生的性格特点和价值取向,愿意用自己的教育引导和沟通交流点燃学生心中的火炬,帮助学生健康成长。

(三) 职业锚理论

所谓职业锚,就是指当一个人不得不做出选择时,他无论如何都不会放弃职业中的那种至关重要的东西或价值观。施恩认为,一个人的职业锚由三个部分组成:自己认识到的自己的才干和能力(以各种作业环境中的实际成功为基础);自己认识到的自我动机和需要(以实际情境中的自我测试和自我诊断及他人的反馈为基础);自己认识到的自己的态度和价值观(以自我与组织和工作环境的价值观之间的实际状况为基础)。职业锚理论认为一个人不可能在最初就明确自身向往的工作的特点,而是需要通过一段职业经历才能够找到对个人的"需求与动机""职业价值观""才能"等方面的正确认识和定位,在此基础上才能找到职业方面的"自我"与适合自我的职业,即职业锚。职业锚是人们在选择并发展自己的职业时所围绕的中心。施恩的研究先后提出了八种职业锚,包括技术或职能型职业锚、管理能力型职业锚、创造型职业锚、安全感型职业锚、自主型职业锚、挑战型职业锚、服务型职业锚、生活型职业锚。

高校辅导员作为学生日常思想政治教育工作的骨干力量,其资质、能力、兴趣、偏好都是在从事高校辅导员工作的具体过程中显现的,而高校辅导员工作的开展既离不开高校和教育主管部门的总体战略部署,也离不开组织文化的导向,因此职业锚理论启迪高校辅导员从社会要求、组织需求和学生期求三方面来定位自身的状况。

(四) 社会学习理论

职业生涯发展中的社会学习理论(Social Learning Theory)是克鲁姆波特在班杜拉的社会学习理论的基础上建立起来的。克鲁姆波特的社会学习理论通过研究四种基本的因素(包括遗传因素、环境条件、学习经历以及完成任务的技能)来试图回答个人作出职业选择的根本原因。他认为,这四种因素在一个人作出职业选择时会一直发挥作用,选择的最终作出是这四种因素共同作用的结果。该理论尤其强调学习经历和完成任务的技能的重要性。

社会学习理论对高校辅导员职业生涯决策与管理意义重大,用动态的视角来考察高校辅导员职业选择和职业生涯发展的全过程,通过工具性和协作性的学习养成高校辅导员良好的学习技能、工作技能和职业管理技能,从而使高校辅导员理性且积极地驾驭个人的职业目标、价值观,主动搜寻各种高校辅导员职业信息,有助于从自我实现的理想状态选择高校辅导员职业。而学校和有关社团组织应该积极地塑造良好的学习环境,提供有针对性的科学的高校辅导员学习能力培养方案,使高校辅导员逐渐具有职业目标定位、职业兴趣和职业价值观形成、职业选择决策的本体能力,从根本上解决高校辅导员职业选择和职业生涯发展的难题。

三、高校辅导员职业生涯发展的原则

在高校辅导员专业化发展中引进职业生涯发展的理念，需要结合高校辅导员群体特点及其工作性质，只有掌握职业生涯发展的原则，才能有效地建立一支稳定的高校辅导员队伍，提高高校辅导员的专业化发展水平。

（一）共赢原则

共赢是进行高校辅导员职业生涯发展的首要原则，即高校辅导员职业生涯发展，既要有利于高校辅导员自身的发展，又要兼顾学校的利益。高校辅导员个人发展同学校的兴旺发达是休戚与共、息息相关的，具有利益一致性。有效的高校辅导员职业生涯发展计划，要求高校辅导员（个人）与学校（组织）之间相互配合，高校要了解高校辅导员的个人职业发展需要，为其营造良好的组织生存环境；高校辅导员要不断学习，提高自身素质，努力工作来回报高校。高校辅导员个人在实现自身价值的同时，也实现了高校组织的发展目标，最终实现共赢的局面。因此二者相互依存，缺一不可。

（二）公平原则

公平性原则是人格价值与人人平等的体现，是维护从业人员整体积极性的重要保证。公平性原则是指高校公开、公平、公正地开展高校辅导员职业生涯发展活动，每一位高校辅导员有均等的机会参加学校的职业生涯发展活动。高校在提供发展信息、教育培训机会、任职机会时都应该公开其条件与标准，保持高度的透明度。公平性原则必须以制度建设为基础，要不断地健全和完善高校辅导员队伍建设的制度，形成长效机制。制度的建立和完善必须动员高校辅导员积极参与，共同讨论、修改，保障高校辅导员的知情权和参与权，而不能由个别领导或少数人来决定；同时要经过相关职能部门的审阅、修订和同意。制度一旦形成，全体成员必须尊重，共同受到约束，体现人人平等。

（三）共同原则

共同性原则是指在高校辅导员职业生涯发展计划的制订和实施过程中，皆由党委组织部、学生工作部（处）、人事处、院系党总支和高校辅导员共同参与、共同制订、共同实施与共同完成。高校辅导员职业生涯发展计划的制订和实施，除个人合理规划、积极进取外，还离不开学校各个方面提供的各种政策和制度保障，必须妥善处理个人发展和组织支持的关系。学校要从战略和全局的高度制订和落实有利于学校事业发展和高校辅导员个人发展的制度和政策，高校辅导员也要结合学校的现实条件和个人的发展诉求去制订和实施职业生涯发展计划。

（四）沟通原则

沟通对高校辅导员职业生涯发展非常必要，有利于实现个人和组织的共同利益。一方面，通过沟通详尽了解高校辅导员的实际情况，并根据学校的现实需要，设置可行的职业生涯通道，可以防止管理的盲目性；另一方面，只有了解高校辅导员在职业发展中的心理变化、新的需要与目标，以及未来的打算，才能提高高校辅导员职业生涯发展的科学性、针对性和有效性。这样，避免了高校辅导员和学校的"误解"和"对抗"，双方都能结合其发展的需要和外部环境的变化进行适时、合理的调整，使学校的学生工作朝着更加和谐的方向发展。

（五）系统原则

系统性原则是指将职业生涯发展的整个历程作全程考虑，同时将职业生涯计划实施当成一个系统的工程，并纳入组织的发展战略之中。一方面，学校党委组织部、学生工作部（处）、人事处、校团委、院（系）党总支（分党委）等部门要和高校辅导员保持经常的沟通，共同参与、共同制定、共同实施高校辅导员职业生涯发展计划；另一方面，高校辅导员职业生涯发展计划要贯穿组织的整个工作过程，贯穿高校辅导员的整个人生。

（六）全面评价与反馈原则

全面评价与反馈原则是指高校对高校辅导员职业生涯的发展进行全过程、多角度评价，让高校辅导员明确自己的职业发展，通过学校对高校辅导员的职业化提供支持和帮助，从而使高校辅导员职业生涯发展成为可行、有效的创新机制，并将评价结果反馈给高校辅导员，以促成其改正缺点，更好地实现职业发展目标。

四、高校辅导员职业生涯发展的阶段

职业生涯发展阶段理论认为，人在职业生活中的不同时期会有不同的需要，根据人在职业生涯中普遍遇到的典型问题和经历不同，可以将职业生涯划分为若干个不同的阶段。许多专家学者对职业生涯发展的过程进行了专门的研究，将人们生命周期中的职业生涯划分为不同的发展阶段，假设每一个阶段都有自己独特的问题和任务，并提出了解决这些问题、完成这些任务的方法和对策。

杰弗里·格林豪斯（Jeffrey Greenhaus）从人生不同年龄段职业生涯发展所面临的主要任务的角度对职业生涯发展进行了研究，并以此为依据将职业生涯发展划分为五个阶段。一是职业准备阶段（0～18岁），主要任务是建立职业方面的自我形象，对可选择的职业进行评价，初选职业，继续接受必要的教育；二是进入组织阶段（18～25岁），主要任务是在获取足量信息的基础上，选择一种合适的、较为满意的职业；三是职业生涯早期（25～40岁），主要任务是学会工作，学习组织规则和标准，适应所选职业和融入组织，提高能力，为未来职业成功做好准备，实现梦想；四是职业生涯中期（40～55岁），主要任务是不断学习新的知识，对早期职业生涯重新评估，强化或改变自己的职业理想，努力工作并力争有所成就；五是职业生涯后期，年龄在55岁直至退休之间，主要任务是继续保持已有的职业成就，维持自尊，准备隐退。

美国著名人力资源管理专家加里·德斯勒（Gary Dessler）在其代表作《人力资源管理》一书中，综合其他专家的研究成果，将职业生涯分为五个阶段：一是成长阶段（0～14岁）。个人通过家庭成员、老师、朋友等的认同和相互作用，逐渐建立起关于自我的概念，开始对各种可选择的职业进行某种带有现实性的思考；二是探索阶段（15～24岁）。个人将认真地探索各种可能的职业选择。他们试图将自己的职业选择与他们对职业的了解，以及通过学校教育、休闲活动和业余工作等途径所获得的兴趣和能力匹配起来。个人将尝试选择初步的职业，并根据对选择职业和自我的进一步了解重新定位；三是确立阶段（25～44岁）。这是大多数人职业生涯的核心部分。人们通常希望在这一阶段的早期能够找到合适的职业，并随之全力以赴地投入有助于自己在此职业中取得永久发展的各项活动中；四是维持阶段（45～65岁）这一阶段人们都已经在自己的工作领域中占有了一席之地，因而他们的大多数精力主要就投入在保有这一位置上了；五是下降阶段。当临近退休的时候就意味着到了职业生涯的下降阶段。在这一阶段，许多人不得不面临这一前景，接受权力和责任减少的现实，学会接受一种新角色，学会成为年轻人的良师益友。

依据专家们职业生涯发展阶段的理论，结合高校辅导员职业生涯的特点，高校辅导员的职业生涯发展大致可以划分为探索阶段、发展阶段、稳定阶段和衰退阶段四个阶段。

（一）探索阶段

探索阶段一般为高校辅导员任职后的1～5年（25～30岁）。这一时期的高校辅导员，要经历由学习者身份向教育者身份的转变，其突出的个人心理特征是进取心强，具有积极向上的心态，精力旺盛、充满朝气，做事踏实认真，具有做出一番轰轰烈烈事业的抱负，但同时内心又充满着不安与担忧。刚入职的高校辅导员担心自己是否能把工作做好？是否能融入工作环境之中？是否适合从事这份工作？是否能学到东西等问题？他们会有一种强烈的需要，渴望自己被学校所接纳和认可，同时表现出良好的工作习惯及态度，并与领导、同事、学生保持有效的人际关系。这一阶段高校辅导员的基本任务是完成由学习者身份向教育者身份的转变，达到初步适应工作环境和业务要求，能独立地开展工作和承担责任。

这一阶段组织管理重点为：一是帮助高校辅导员认识自我、熟悉岗位、找准发展方向；二是帮助高校辅导员调整自己，适应新环境，融入新环境；三是结合高校辅导员的个性特点和能力特长，帮助高校辅导员确立长期的职业发展规划；四是做好职业培训，对高校辅导员进行培训与从业资格认定。

（二）发展阶段

发展阶段约为高校辅导员任职后的6～15年（31～40岁）。这期间高校辅导员已经基本经历和熟悉高校辅导员工作相关内容，掌握了相关的工作技巧。此时，追求职业的进一步发展是他们的目标。他们具有强烈的成就动机和晋升愿望，希望在工作中不断提高自己的能力和素质，明确自己的职业发展方向，树立职业威信，实现自我价值。因此，高校辅导员需要捕捉学校组织提供的一切发展的机会，重新制定符合自己职业生涯志向的长期和短期目标，并且制定出相应的战略并付诸实践。

这一阶段组织管理重点为：一是在高校辅导员确定职业发展方向后，加强专项技能培训和开发，帮助高校辅导员向职业化、专家化方向发展；二是根据高校辅导员的层次、水平，以及在同一岗位上的任职年限，通过政策上的引导，实行高校辅导员学校内部、学校之间、地区之间的流动；三是帮助高校辅导员执行、完善或修订职业生涯发展目标，并针对不同人的具体情况，分类指导，为高校辅导员开通职业生涯发展的职业通道，明确达到职业生涯目标的路径。

（三）稳定阶段

稳定阶段约为高校辅导员任职后的16～25年（41～50岁）。经过长期的工作积累，这一阶段的高校辅导员能娴熟地应对各种情况，独立地开展工作，在高校辅导员队伍中处于中流砥柱的地位。但同时这一阶段也是人生中任务最繁重的时期，要求处理好工作、家庭、子女等各方面的关系。高校辅导员要继续保持工作的热情，维持原有的工作绩效，防止职业生涯高压带来的苦恼与困惑；他们还需要重新审视工作对自己生活的重要性，协调工作与家庭之间的平衡，担负着教育子女和赡养父母的重要责任等。

这一阶段组织管理重点为：一是对于那些晋升机会受限制或者晋升无望的高校辅导员，要帮助他们营造一种以心理上的成功为基础的晋升文化氛围，从而激励他们保持工作兴趣；二是为高校辅导员创造性地开展工作提供空间、搭建舞台，从而造就专家级的学生工作者。

（四）衰退阶段

衰退阶段一般指50岁以后到退休期间。这一时期高校辅导员积累了更加丰富的工作经验，但同时由于长年辛苦工作，高校辅导员的体力和精力明显下降，投入工作的热情大为减弱，往往是心有余而力不足。这个时候职业生涯管理的最主要任务是帮助高校辅导员调整心态为退休作好准备。

这一阶段组织管理重点为：一是帮助高校辅导员学会接受和发展新的角色；二是引导高校辅导员通过提携、支持年轻高校辅导员的成长而促进自己事业的延续；三是通过重新安置等途径，帮助高校辅导员学会应对即将到来的退休生活。

五、高校辅导员职业生涯发展的路径与管理

职业化、专业化、专家化发展是高校辅导员职业生涯自下而上的职业发展路径。在职业化背景下，高校辅导员专业化发展的历程中，面对职业生涯中的各种不确定性因素，易变性的高校辅导员职业发展路径为高校辅导员的多样化发展提供了可能，拓展了进一步生涯发展的空间，为其今后的职业生涯对接确立了方向。

（一）高校辅导员职业生涯发展的路径

高校辅导员职业生涯进入一定的阶段后就会面临着分化，高校辅导员职业生涯的发展路径朝"专""转""升"三个方面发展。"专"即走专家化道路，"转"即转岗到其他职位，"升"即晋升到领导岗位。

第一，"专"。即高校辅导员专业化道路上的职业生涯发展。高校辅导员在"专"方面的发展包括职业化、专业化、专家化、终身制。中央16号文件出台后，党和国家高度重视高校辅导员队伍的建设，从切实维护高校稳定的需要出发，深刻认识到加强学生思想政治工作的重要性和紧迫性，积极推进高校辅导员"职业化"建设，从而解决当前高校思想政治工作弱化的现状。而职业化意味着高校辅导员作为一种职业可以长期地做下去，甚至终身从事该项工作也成为可能。在高校辅导员工作职业化后，高校辅导员还需要从职业化向专业化、专家化发展，成为学生思想政治教育、学生事务管理、心理咨询及就业指导等方面的专家。高校辅导员从非专业道路发展到职业化、专业化、专家化道路，包括专业调整、知识结构调整、个人兴趣爱好调整等。同时，高校辅导员专业化发展方向有很多途径，包括思想政治教育、就业指导、心理咨询、学生党团建设、校园文化等方面。

第二，"转"。即高校辅导员后期的发展可以根据自身所具有的能力素质和个性实现转岗转行。高校辅导员转岗转行主要有以下方向：一是转为国家公务员或学校行政干部。行政机关及企事业单位的领导干部中有过高校学生高校辅导员经历的很多，甚至包括国家领导人在内也有不少担任过高校辅导员。在高校向国家机关或企事业单位输送的干部中，相当多的同志在学校期间都曾经从事过学生工作，并且这些同志在新的工作岗位上很多也成为骨干。校内转岗可到学校机关单位任行政人员。高校辅导员从事学生事务管理工作的性质本身具有高校行政工作

的内容，高校可以根据高校辅导员自身的特点和兴趣爱好，对有一定年限和丰富经历的高校辅导员分流到高校行政管理岗位工作。二是转教学、科研之路。高校辅导员本身的身份就是高校教师与行政管理干部的统一体，具有高校教师身份，加上工作地点在高校，高校能提供良好的职业转换平台和教师培训体系。高校辅导员中具有比较牢固的专业知识背景、较强的语言表达能力的有机会转向从事教学、科研。高校辅导员可以适当给学生开设相关课程并参与学术研究，不断完善补充专业知识，开辟研究新领域、学习先进的教学方法、提高教学质量，踏踏实实从事科研教学工作，使高校辅导员实现向教学科研转岗。

第三，"升"。即晋升到高一级的领导岗位。按照我国高校现行的学生管理体系，高校辅导员传统路径晋升是院系主管学生工作的党委副书记。另外还有部分则升至学校主管学生工作的职能部门领导、学校机关部处领导等。虽然同样是从事学生工作，但晋升后所从事党委副书记的工作与高校辅导员工作不同，主要体现在管辖范围不同，高校辅导员工作直接面对学生及学生团体，而副书记更多时候工作重心在宏观层面上，负责整个学院学生工作的各个方面，其直接对象是高校辅导员而不一定是学生。在新的岗位上，很多高校辅导员都能凭借着较高的综合素质和较强的工作能力，扎实工作，做出很多成绩，得到社会的广泛认可。

（二）高校辅导员职业生涯发展的管理

高校辅导员职业生涯的管理必然受到各种因素的影响，高校辅导员职业生涯发展管理系统的构建必须考虑国家政治与经济发展、高等教育组织机构状况和个人选择与价值等因素的影响和制约。因此应该从党和政府、高校组织，以及高校辅导员个人三个方面着手开展高校辅导员职业生涯发展管理的实施。

第一，党和政府对高校辅导员职业生涯发展的管理。高校辅导员职业生涯发展管理毕竟是一项理念方法新、政策要求高而探索时间尚短的工作，对照高校辅导员队伍建设理论和实践的现实状况，要使其得以有效实施和顺利推进，还需要党和政府对高校辅导员职业生涯管理提供更多的政策保障。一是进一步细分高校辅导员的工作职责。根据高校辅导员工作中涉及的如大学生思想政治教育、大学生德育教育、心理咨询、学习与生活指导、事务管理工作等各方面具体职责设立专项化要求，体现每一工作领域的专业化特点和要求，进一步细化高校辅导员的工作分工，提高专业化发展程度。二是进一步提升高校辅导员的职业深度。从国家宏观政策层面看，一方面对高校辅导员职业进行定向培养，在高等教育中设置相关专业，建立一套完整的学科体系，构建完整的知识系统，制定自己的专业标准，按照专业要求培养学生；另一方面为搭建高校辅导员科研平台创造更多有利条件，只有在对本职工作相关领域进行深入的思考和研究以后，高校辅导员才能真正成为学生工作方面的专家，高校辅导员职业才能向纵深发展。三是进一步完善高校辅导员的制度保障。从某种意义上来说，高校辅导员职业生涯发展管理的实质就是借鉴职业生涯发展管理理念，从而实现高校辅导员队伍职业化的发展。高校辅导员职业生涯发展管理，也可以说是高校辅导员队伍发展的产物。促进高校辅导员队伍建设职业化、专业化的第一步便是制度化，这也是促进高校辅导员队伍职业化的有效手段。例如，建立包括高校辅导员聘任制度、高校辅导员考核制度、高校辅导员培训制度、高校辅导员终身教育制度等制度，使高校辅导员的培养、录用、管理和继续教育有机结合，并逐步走上法治化、规范化的道路。

第二，高校组织对高校辅导员职业生涯发展的管理。高校组织要为高校辅导员职业生涯发展管理完善机制和搭建平台。高校作为高校辅导员职业生涯发展管理的主体之一，最重要的就是需要以现代人力资源管理理念为指导，充分运用职业生涯发展理论，搭建高校辅导员职业生涯发展管理的平台。一是拓宽高校辅导员的职业发展路径。高校与高校辅导员个体共同设计职业生涯发展目标，使高校辅导员明确自己今后的发展方向和努力方向，通过"专""转""升"等路径切实解决高校辅导员在职业发展路径上的困惑，促使高校留住更多高素质的学生工作人才，使高校拥有高素质的稳定的高校辅导员队伍。二是建立以职业生涯发展管理为导向的权变晋升制度。高校辅导员无论是按照教师职务晋升职称，还是按照行政级别晋升职称，或者实行高校辅导员教师专业技术职称与行政级别并行的"双轨制"，再或者推行高校辅导员职级制度，其具体措施在全省甚至全国统一都比较困难。因此，高校辅导员的晋升一方面需要有关部门统一管理，统一制定评定标准；另一方面各高校需结合自身实际，为本高校辅导员建立切实可行的制度和管理方法，尤其是考虑高校辅导员的工作实践效果，增强实践要求，同时考虑为不同层次、不同级别甚至不同专业学科的高校辅导员制定不同的晋升标准，做到权变管理。不同类型、不同层次的高校辅导员需要不同的晋升标准和管理方法，这就需要各高校建立权变的职业晋升保障机制。三是构建战略性的职业生涯管理体系。职业生涯管理体系是战略性人力资源管理体系的重要组成部分，战略性人力资源管理体系的目标是获取组织竞争优势、提升组织绩效，以及服务组织战略。在此管理理念下，组织建设的自主性将进一步增强，组织经过战略性整合、前瞻性人力资源规划、系统人力资源管理和立体多维式人力资源开发可以高效提升整体绩效。因此，建设适合于高校辅导员职业发展的职业生涯管理机制，需要转变高校人力资源管理理念，实施与之配套的战略性人力资源管理体系。这样，高校在帮助高校辅导员发展职业生涯、管理其职业生涯目标的同时，也实现了高校自身的目标，有利于充分开发高校的人力资源，实现高校利益和高校辅导员个人利益的最优化。

第三，个体主动对高校辅导员职业生涯发展的管理。高校辅导员职业生涯发展的社会管理和组织管理都只是职业生涯发展的外在因素，尤其是组织中的高校辅导员职业生涯管理是人力资源开发的一个组成部分，它更多的是为实现组织战略而设置的，在确保个人职业目标与整个组织目标一致的基础上，以期实现个人与组织需求之间的最佳匹配。但在任何情况下，个体的主动管理更为重要，它是个体职业生涯发展的真正动力和加速器，是个人根据自身的个性、能力、素质、家庭、婚姻和年龄等因素进行职业生涯管理，其本质是追求最佳职业生涯发展道路的过程。高校辅导员主要从以下方面加强职业生涯发展的自我管理。一是了解自己，包括了解自己的性格、兴趣、能力和自己的职业定位等。二是了解组织发展状况，包括对自己所在的高校、所工作的院系，自己的工作对象（学生）等的了解。只有了解这些，才能将自己的发展放在学校、学院发展的整个格局之下，才能将自己的发展服从于、服务于组织，才能做到协调发展和双赢。三是注重人际沟通。高校辅导员要加强与学校各部门的沟通与协调，与其他教育、管理、服务岗位的相互配合，积极构建全员育人格局。同时，高校辅导员还要注重和学生的沟通与交流，帮助他们客观地、科学地分析、解决问题，合理进行人生规划，引导他们走上正确的成才之路。四是重视教学科研工作。高校辅导员教学科研能力的提升，既是提高大学生思想政治教育工作针对性、实效性，增强吸引力、感染力的客观需要，也是实现高校辅导员队伍自身可持续发展的必然要求，有效提升高校辅导员的教学科研能力已经成为高校辅导员职业生涯发展自我管理的必然趋势。

第二节 高校辅导员的职业生涯规划

作为社会群体的一员，高校辅导员要谋求个人的发展，除依赖于社会和高校各层面为其发展提供机会和平台外，还需要高校辅导员自身付出更多的努力，做好个人的定位，制订出符合本人实际的职业生涯发展规划。

一、高校辅导员职业生涯规划的内涵

高校辅导员职业生涯规划作为高校辅导员专业化发展的一个重要方面，有其内在规定性。充分认识其内涵成为开展高校辅导员职业生涯规划的前提。

高校辅导员职业生涯规划是指将个人发展与组织发展相结合，对决定职业生涯的主客观因素进行测定、分析和总结，确定事业发展目标，选择实现这一事业目标的职业，制订相应的工作、教育和培训的行动计划，并结合一定的时序和方向安排，采取必要的措施实施职业生涯目标的过程。要深入理解高校辅导员职业生涯规划的基本内涵，还必须注意三点。

（一）在对象上寻求高校辅导员职业规划个体发展与整体提高的最佳契合

从对象上看，高校辅导员职业生涯规划是一项集高校辅导员个体发展与高校辅导员群体整体提高于一体的工作，它既注重高校辅导员单个个体与组织间的双向互动，也关切高校辅导员职业生涯规划对于高校辅导员队伍建设乃至大学生思想政治教育工作全局的积极作用。这是高校辅导员职业生涯规划表现在对象上的重要内涵，即努力寻求高校辅导员职业规划个体发展与整体提高的最佳契合点。这也意味着既不能仅关注高校辅导员个体的自我价值实现和增值，将高校辅导员职业生涯规划简单地视为高校辅导员个体与职业生涯规划方法的机械相加，而是要将高校辅导员个体职业生涯规划与高校辅导员队伍的人力资源开发结合起来，以高校辅导员职业生涯规划的实施促进高校辅导员队伍建设整体水平的提高；也不能仅停留在高校辅导员队伍建设的宏观层面，忽视高校辅导员个体的健康持续发展，忽视高校辅导员个体的发展需求。

（二）在方法上构建高校辅导员职业规划个人义务与组织责任的合力体系

从方法上看，高校辅导员职业生涯规划是高校辅导员个体发展目标与国家教育主管部门、高校等组织培养目标相结合，在对高校辅导员个体职业生涯的主客观条件进行测定、分析、总结的基础上，对高校辅导员的兴趣、爱好、能力、特点进行综合分析与权衡，结合时代特点，根据职业倾向，确定其最佳的职业奋斗目标，并为实现这一目标制订出行之有效的行动计划。同时也要求组织为高校辅导员个体职业生涯规划的制订、实施、修正和实现提供必要的支撑和评估推进。这意味着高校辅导员职业生涯规划具有个体性和组织性双重特点。

（三）在内容上实现高校辅导员职业规划基础内容和发展内容的统筹兼顾

从内容上看，高校辅导员职业生涯规划必须紧密结合高校辅导员的职业特征。高校辅导员是具有特定职业岗位身份和一定的专业化知识及技能、不同于日常教学或行政管理工作，且主要为学生全面发展和健康成长提供多方面服务的高校教师。高校辅导员职业生涯规划的直接目的是提高高校辅导员的能力素质，促进他们持续健康的发展，最终目的是加强和改进大学生思想政治教育，推动日常思想政治教育各项工作全面开展。因此，高校辅导员职业生涯规划表现在内容上的内涵，就是一方面要增强高校辅导员职业生涯规划的基础性内容，即高校辅导员履行日常思想政治教育工作所要求具备的能力和素质；另一方面也要增强高校辅导员职业生涯规划的发展性内容；即着眼于高校辅导员个体的成长发展，提升其职业发展、职业设计、职业选择的能力，拓展其长远发展的路径。在高校辅导员职业生涯规划过程中，这两方面的内容应该统筹兼顾、相互协调。

二、高校辅导员职业生涯规划的原则

为了使高校辅导员职业生涯规划具有更好的效果和效益，使之真正引领高校辅导员的整个职业发展，在规划及其实施过程中就必须遵循一些重要原则，以保证规划不至于偏离航向，并充分利用相关的资源条件，实现个人与职业、环境的良性互动。只有遵循一定的原则和方法，才能制定出高质量的职业生涯发展规划。高校辅导员要进行成功的职业生涯发展规划，主要遵循以下原则。

（一）规范性原则

高校辅导员职业生涯发展规划的规范性原则主要体现在三个方面：一是内容要规范。职业生涯发展规划的内容是一个大的系统，其中包含诸多子项内容，只有厘清各个子项之间的内在逻辑关系，规范各个部分应具有的位置和前后顺序，这样才能使职业生涯发展规划更加具有合理性。二是实施要规范。高校辅导员要有时间管理理念，对工作时间和工作任务进行科学的管理，尤其是对职业生涯发展中的各项内容进行有效的规范化管理，规划的内容和目标不可随意更改或放弃，才能保证目标在有效的时间内完成。三是发展方向要规范。高校辅导员在工作中常因繁杂的事务性工作"拖累"自己的发展而苦恼，高校辅导员对个人职业生涯发展规划的方向如果没有一个明确的定位，就会对职业生涯发展规划中的发展方向缺乏规范化管理。

（二）专业性原则

每一个高校辅导员都有其所具有的专业背景、知识基础、能力倾向、个性特色，因此高校辅导员职业生涯规划还要秉承专业性原则，充分利用本校资源，由专业性强的教师给高校辅导员提供专业性指导，给高校辅导员提供与其工作相关的学位点、学科点。同时，规划时要尽量与高校辅导员自身的专业背景相一致，这样更容易帮助高校辅导员构建适合自己的职业生涯规划体系。

（三）个体性原则

高校辅导员职业具有其特殊性，高校辅导员工作内容涉及面广，不仅做学生的日常事务和思想政治教育工作，有时还兼任学院行政或其他方面的工作，因此，高校辅导员在设计个人职业生涯发展规划时要充分考虑单位、个人和环境等方面的多重因素。这样才能使职业生涯发展规划更加个性化和有针对性。高校辅导员在职业生涯规划过程中，注意发现自身的差异性，发掘这种差异性对于职业发展可能存在特殊的优势，充分发展、利用和展示自己最具优势的方面，就能使个性化成为"亮点"，以自己的特色、风格赢得别人的肯定和赞许，取得职业生涯的成功。

（四）客观性原则

客观性原则要求高校辅导员职业生涯规划要从客观现实出发。职业生涯规划既然是一种个人设计，难免带有主观色彩，所以客观性原则一方面要求规划者在自我评价环节能够对自己做出实事求是，既不隐瞒歪曲，也不放大缩小的中肯评价；另一方面还要求职业生涯规划必须从客观实际出发，力求符合自己的客观实际。在排除个人主观好恶的前提下，正视职业现实中的各种矛盾，敏锐地发现这些矛盾中所孕育的发展机会。

（五）发展性原则

职业生涯规划是对未来职业生活的总体而长远的设计，而不是当下的职业生活计划，因此高校辅导员的职业生涯规划必须具有前瞻性，而不能被当下的某些现象所迷惑，不能因当下的利益诱惑而放弃对职业理想和人生长远目标的追求。发展性原则要求高校辅导员发挥自己的能力和潜能，适时地调整个人职业生涯发展规划的进度、内容等，其中包括规划内容的转换或增加。发展性原则还要求高校辅导员要立足当下，着眼未来几年或几十年进行个人职业生涯发展规划，明晰个人职业发展总的方向和阶段性成效，确定个人职业发展的目标和实现的路径等。

（六）动态性原则

职业生涯规划是建立在对未来进行预测的基础上的，因此，在职业生涯规划之初，高校辅导员一定要为未来的变动预留一个适当的弹性空间，在职业生涯规划的执行过程中，要注意对规划进行微调甚至全面调整。动态性原则要求高校辅导员在职业生涯规划时要遵循高校辅导员职业生涯发展的阶段性特征，有目的、有步骤、有计划地调整和安排各个不同阶段的职业生涯计划，确立短期、中期和长期三个阶段性目标，并且在每一阶段又有"起点"和"终点"，即"开始执行"和"实现目标"两个时间坐标。动态性原则还要求高校辅导员特别注意所在高校的动态发展。对于高校辅导员来说，高校的动态发展决定着个人的发展。因此，在职业生涯规划中，高校辅导员必须充分考虑自身及所在院系、学校所处的不同发展阶段，并使自己的发展目标和实施计划与之保持动态适应。

三、高校辅导员职业生涯规划的步骤

为了更科学、更合理地规划个人的职业生涯，高校辅导员应按照一定的步骤进行个人职业生涯规划。总体来看，高校辅导员个人职业生涯规划主要经历以下六个步骤。

（一）自我评估

自我评估是个人职业生涯规划的基础，也是能否获得可行性方案的前提。职业生涯规划的制定是从高校辅导员对自己的能力、兴趣、职业生涯需要及其目标的评估开始的。一个有效的职业生涯规划设计必须是在充分且正确认识自身条件的基础上进行的。自我评价的核心是入职适应问题，因而自我评估的重点是分析自己的条件，特别是个人的性格、兴趣、特长、需求、技能、职业心态和职业信念等，充分考虑其与职业的匹配。

（二）环境分析

高校辅导员的职业生涯环境主要由社会环境、学校环境、业缘环境三部分构成。环境分析的基本思路是分析环境的特点、发展变化情况，把握环境因素的优势与限制，即对环境进行机会—威胁的对比分析。机会是指环境中对高校辅导员工作的开展、高校辅导员个人成长有利的方面；而威胁则指外部环境中对高校辅导员及其工作不力或存在障碍的因素。在具体进行环境分析时，高校辅导员应在事先进行广泛的调查研究和深入的思考，了解高校辅导员工作具体在学校及社会大环境中的地位、形势，以及发展趋势。然后进行相关因素的评分，填写机会—威胁程度分析表，同时对环境维持或改善的可能性进行预测和评级，对改善的可能路径进行分析、设计。

（三）确定目标

目标是行动的导航器和指南针。职业生涯目标是指人们希望达到的与职业生涯相关的结果，是未来人生的发展方向。有效的职业目标能激发潜能，坚定信心，对人的一生产生重大的影响。因此，个人要确定一个既满足社会需要又适合自己的职业生涯目标。目标的确定是在自我分析的基础上，以高校辅导员作为职业，设立自己以后的职业生涯目标。职业生涯目标按照性质分解为外职业生涯目标和内职业生涯目标。高校辅导员的外职业生涯目标主要侧重于职业生涯过程的外在表现，主要包括工作内容目标、行政职务目标、学术职称目标等。高校辅导员的内职业生涯目标主要侧重于职业生涯过程中自身素质提升及相应的内在体验，主要包括能力的提升、知识的丰富、经验的积累、心理的成熟等。按照时间分解为短期职业目标、中期职业目标和长期职业目标。短期目标一般为1～2年的目标，中期目标一般为3～5年的目标，长期目标一般为5年以上的目标。职业目标主要从两个方面加以设定：一是从宏观上党和国家对高校辅导员工作所提出的要求出发，努力成为学生的人生导师和健康成长的知心朋友；二是从自己个体发展的微观角度出发，结合自己的客观实际所设定的职务、职称，以及内心体验等方面的职业目标。

（四）选择路径

高校辅导员未来职业发展路径是更为具体、明确的个人发展指向。高校辅导员未来职业发展路径主要分为走专业教师发展路径、走学生工作专家化发展路径、走行政发展路径等。这些职业发展路径是高校辅导员个人职业发展的主要路径选择。从事专业教师发展路径是高校辅导员实现个人职业转型的重要途径。随着中央16号文件等系列文件的出台，为高校辅导员选择学生工作专家化发展路径提供了制度保障，越来越多的高校辅导员将择这一路径作为自己的职业定位。走行政发展路径是高校辅导员职业发展的主要选择之一。行政发展路径主要包括两部分，一部分是政府机构公务员，另一部分是高校党政干部。部分高校为鼓励更多的人从事高校辅导员工作，规定学校党政机关干部必须从高校辅导员中进行选拔，于是，在高校行政机关从事行政工作已成为高校辅导员职业发展的一种主要选择。

（五）实施策略

实施策略就是要制订实现职业生涯目标的行动方案。目标确定以后，如果不采取行动，目标将无法实现，因此，要实现职业生涯目标，就必须制订包括职业生涯发展路线、教育培训安排、时间计划等措施在内的行动方案，增强自我规划的自觉性和积极性，使长远目标与高校辅导员的日常工作有机衔接，增强规划的可行性。对于高校辅导员而言，职业生涯目标实现的主要策略有四个方面：一是培养综合素质，提高自身的竞争力；二是提高工作能力，获取更多的职业资本；三是分阶段实现自己的职业生涯规划；四是积极主动参与自己的职业生涯管理。

（六）评估调整

职业的选择及其目标的确定，并不意味着高校辅导员对自身职业生涯管理的终结。任何人的职业生涯管理都不是一蹴而就的，它是一个不断评价与调整的过程。要使规划行之有效，就必须根据实际情况的变化不断地对规划实施的各个环节进行反馈，及时发现问题并解决问题。高校辅导员要经常对自己走过的职业生涯进行评估，并进行相应的修正与调整。反馈评估的目的是衡量高校辅导员发展的实际结果与预期目标之间的差距，及时诊断生涯规划各个环节出现的问题，找出相应的对策，对规划进行调整与完善。评估一般是让高校辅导员接受日常所接触的各部门主管领导、学生、同事等的评估，通过评估来反馈高校辅导员职业生涯规划体系是否可行，从而使其不断完善。

总之，建立健全高校辅导员职业生涯规划体系，对高校辅导员而言，有利于高校辅导员基于自己的专业背景更深入地了解自己的职业理想，了解自己所处的环境，从而更出色地完成本职工作；对高校而言，有利于充分调动高校辅导员的工作积极性，解决高校辅导员工作秩序性、连续性不强的问题，促使其个体得到全面发展。[①]

[①] 唐德斌.职业化背景下高校辅导员的专业化发展[M].成都：四川人民出版社，2013.

后 记

　　进入21世纪以来,教育部对高校辅导员队伍的培训进修、素质提升和队伍稳定等问题高度重视,出台了一系列有针对性的措施政策。同样,面对当前高校辅导员队伍建设所存在的这些问题,许多高校均是通过高校辅导员继续教育路径来解决的。因此,高校辅导员继续教育已成为建设高水平高校辅导员队伍,实现高校辅导员队伍建设专业化的重要路径。高校辅导员是进行大学生思想政治教育和学生管理的中坚力量,建设一支高素质、高层次、专业化的高校辅导员队伍是促进大学生全面、健康发展的重要保证,是做好高校思想政治工作的重要保障,是培养社会主义事业合格的建设者和接班人的必然要求。

　　希望本书的出版能够进一步深化高校辅导员职业化发展的理论研究和实践探索,启发高校工作者特别是高校辅导员的职业化探究,并对高校辅导员的实践工作具有一定的指导和借鉴价值。由于本人水平有限,书中尚存在诸多不足,望各位同仁不吝赐教!

参考文献

[1]李海波.高校辅导员职业发展的动力机制研究[M].哈尔滨:哈尔滨出版社,2022.

[2]池源.新时期高校辅导员职业化发展的创新研究[M].北京:冶金工业出版社,2020.

[3]程树武.高校辅导员工作机制研究[M].南昌:江西高校出版社,2020.

[4]吴本荣.高校辅导员能力素质提升指南[M].南昌:江西高校出版社,2019.

[5]许辉,于兴业.自我视域下高校辅导员的发展研究[M].北京:知识产权出版社,2018.

[6]史仁民.高校辅导员专业发展论[M].北京:中央编译出版社,2018.

[7]吴巧慧.高校辅导员标准研究[M].北京:北京交通大学出版社,2017.

[8]唐德斌.职业化背景下高校辅导员的专业化发展[M].成都:四川人民出版社,2013.

[9]丁爱芹.高校辅导员心理辅导与危机应对[M].北京:光明日报出版社,2021.

[10]陈虹,赵鹏.高校辅导员工作理论与实务知识[M].天津:天津科学技术出版社,2021.

[11]何林建.高校辅导员工作实战指南[M].上海:上海交通大学出版社,2020.

[12]陈蕾,时学梅,买买提江·依明.高校辅导员队伍建设与职业化发展[M].延吉:延边大学出版社,2021.

[13]柳宏亚,雷炳锋.高校辅导员工作专业化发展多维度研究[M].长春:吉林大学出版社有限责任公司,2021.

[14]费萍.高校辅导员职业能力培养研究[M].重庆:西南师范大学出版社,2019.

[15]周涛.新时代高校辅导员价值引领功能探索[M].上海:同济大学出版社,2020.

[16]江峰.高校辅导员心理健康教育能力研究[M].湖南:安徽师范大学出版社,2018.

[17]刘鑫.高校师生关系中高校辅导员情绪劳动的小组工作介入研究[D].青岛:青岛科技大学,2022.

[18]刘玉玥.新时代高质量高校辅导员队伍建设研究[D].桂林:广西师范大学,2022.

[19]张玮琦.高校辅导员谈话艺术研究[D].长春:长春理工大学,2022.

[20]达苗.高校"高校辅导员+"协同育人实践方式研究[D].成都:四川师范大学,2022.

[21]张艺露.高校辅导员工作室建设路径研究[D].哈尔滨:东北林业大学,2022.

[22]吴玉洁.高校优秀高校辅导员专业成长质性研究[D].保定:河北大学,2022.

[23]赵梓名.高校辅导员法治精神培育研究[D].长春:东北师范大学,2022.

[24]李凤玮,马在天.新媒体时代高校辅导员思想政治教育优化路径[J].高教学刊,2023,9(12):193-196.

[25]黄小萍.新时代高校辅导员队伍专业化职业化建设的思考[J].天津职业院校联合学报,2023,25(03):12-15+20.

[26]梁艳霞.新时代民办高校辅导员与思政教师协同育人的路径研究[J].湖北开放职业学院学报,2023,36(05):110-112.

[27]邹佳人,李静.元宇宙时代高校辅导员思想政治教育工作的创新与坚守[J].嘉应学院学报,2023,41(01):94-98.

[28]徐虎林.高校辅导员与学生交流沟通的有效性策略研究[J].公关世界,2023(03):58-59.

[29]张龙华,杨春艳.高校辅导员思想政治教育"进宿舍"的价值、困境与优化[J].内蒙古师范大学学报(教育科学版),2023,36(01):47-52+77.

[30]朱旭,苏国红."三全育人"视域下高校辅导员队伍建设新思路[J].哈尔滨学院学报,2023,44(01):128-131.

[31]唐志凤.高校辅导员科研能力提升:目标、梗阻及进路[J].无锡职业技术学院学报,2023,22(01):65-68.

[32]包育中."互联网+"时代下高校辅导员网络思政教育的挑战和对策研究[J].甘肃教育研究,2022(12):26-29.

[33]周超.新时代高校辅导员政治引领力提升路径探讨[J].扬州大学学报(高教研究版),2022,26(03):65-69.

[34]徐喜春.高校辅导员意识形态能力建设的困难与突破[J].焦作师范高等专科学校学报,2022,38(02):30-33.

[35]王钰茜.新时代高校辅导员队伍建设路径探究[J].邢台职业技术学院学报,2022,39(03):64-67.